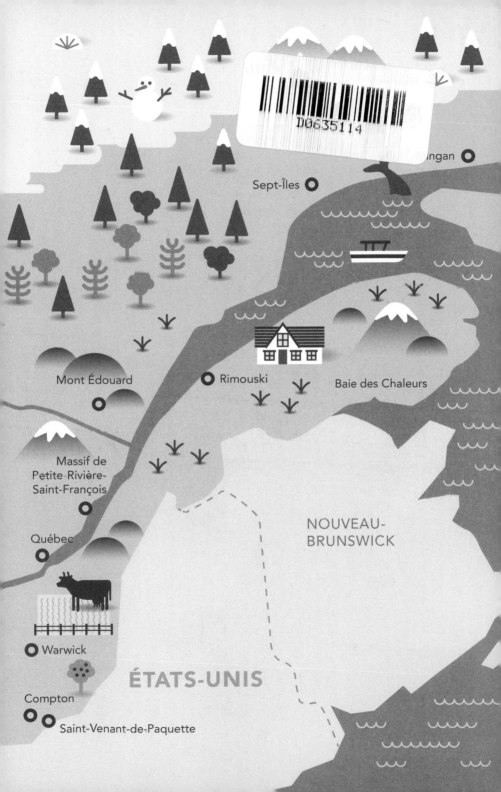

Escapades au Québec

Catalogage avant publication de Bibliothèque et Archives
nationales du Québec et Bibliothèque et Archives Canada

Vedette principale au titre :

Escapades au Québec : les coups de cœur La Presse
Comprend un index.
ISBN 978-2-89705-225-6
1. Québec (Province) - Guides. I. Bérubé, Stéphanie (Journaliste).
FC2907.E822 2014   917.1404'5 C2014-940470-0

Présidente Caroline Jamet
Directrice de la commercialisation Sandrine Donkers
Responsable de la production Carla Menza
Éditrice déléguée Stéphanie Bérubé
Conception graphique de la couverture Rachel Monnier
Conception et montage intérieur Célia Provencher-Galarneau
Correction d'épreuves Sophie Sainte-Marie
Collaboration spéciale Martine Pelletier
Cartes illustrées Marie Leviel
Photos couverture
  Haut gauche : David Boily / Haut droit : Edouard Plante-Fréchette
  Bas gauche : Marco Campanozzi / Bas droit : Marco Camparozzi

L'éditeur bénéficie du soutien de la Société de développement
des entreprises culturelles du Québec (SODEC) pour son
programme d'édition et pour ses activités de promotion.

L'éditeur remercie le gouvernement du Québec de l'aide financière
accordée à l'édition de cet ouvrage par l'entremise du Programme
de crédit d'impôt pour l'édition de livres, administré par la SODEC.

Nous reconnaissons l'aide financière du gouvernement du Canada
par l'entremise du Fonds du livre du Canada (FLC).

LES ÉDITIONS LA PRESSE
Les Éditions La Presse
7, rue Saint-Jacques
Montréal (Québec)
H2Y 1K9

Escapades au Québec

LES COUPS DE CŒUR

LA PRESSE

LES ÉDITIONS **LA PRESSE**

À la mémoire de Henri Jamet,
cet amoureux du Québec

TABLE DES MATIÈRES

MADELEINE

Photo : Alain Roberge

AVANT-PROPOS

C'est la plus grande indulgence : prendre des vacances ici, au Québec. Parce que tout le monde y trouvera son compte – il y a de tout ! Il suffit de faire les bons choix.

Entre le gîte dans les arbres près de Tadoussac, la nuit dans un phare et l'hôtel moderne et douillet des Laurentides. Entre la meilleure table du Bic et la grande montagne de l'autre côté du fleuve. La nature se fait belle pour que l'on passe les meilleures vacances de sa vie, peu importe la saison.

On aime manger des saucissons faits ici, des poissons fumés et découvrir un petit blanc des Cantons-de-l'Est, en pique-nique, les yeux dans la mer qui n'en finit plus. On aime les bonnes adresses, un peu secrètes.

On aime courir les rues de Montréal à la première neige, à la recherche d'aubaines et de rencontres.

On aime Québec. Parce que c'est Québec. Et qu'elle rajeunit à vue d'œil...

Les journalistes de la section Voyage de *La Presse* passent leur temps sur les routes de la province, à voyager incognito pour essayer des endroits reconnus et dénicher des perles.

En été comme en hiver ; en ville comme en campagne.

Nous savons que les vacances, vos vacances, sont précieuses. Et c'est toujours avec cela en tête que nous faisons notre travail.

Voici nos trouvailles, nos coups de cœur, souvent très loin des lieux communs.

Ce sont les plus belles escapades à faire au Québec.

---

* Tous les endroits mentionnés dans ce guide ont été visités par les journalistes de *La Presse*, au moins une fois durant les trois dernières années.

REMERCIEMENTS

Un immense merci aux journalistes qui ont contribué à ce guide.

Simon Chabot, Stéphanie Morin, Violaine Ballivy, Nathaëlle Morissette, Marie-Eve Morasse, Ève Dumas, Andrée Lebel, Pierre-Marc Durivage, Marie Tison, Émilie Bilodeau, Carole Thibaudeau, Marie-Christine Blais, Ariane Krol, Marie-Claude Lortie, Marie-Claude Malboeuf, Sara Champagne, Johanne Gobeil, Isabelle Audet, Lucie Lavigne, Danielle Bonneau, Valérie Simard, Marie-Soleil Desautels, ainsi qu'à Karyne Duplessis-Piché, notre spécialiste des vins et vignobles québécois.

Merci à Julie Grimard et Hélène de Guise qui subliment nos reportages à toutes les semaines.

Un merci très spécial au directeur de l'information de *La Presse*, Alexandre Pratt, qui a dirigé la section Voyage avec passion, rigueur et une éthique de travail rare et précieuse. Il est un grand voyageur depuis longtemps.

Et un remerciement chaleureux à l'équipe des Éditions La Presse. Caroline Jamet qui rêve de ce guide depuis longtemps, Martine Pelletier, formidable éditrice qui a lancé le projet, et cette belle équipe de filles, Carla, Célia, Sandrine, Sylvie, Rachel. Votre enthousiasme est très beau à voir.

Finalement, un immense bravo aux photographes de *La Presse* qui ont complété nos reportages tourisme par des images spectaculaires. Ils font de cet ouvrage le plus beau guide voyage du Québec au monde !

Je défie quiconque de ne pas avoir envie de prendre ses prochaines vacances au Québec après avoir feuilleté ce livre...

Stéphanie Bérubé
éditrice déléguée

Photo : Alain Roberge

SAINT-VENANT-DE-PAQUETTE

COMMENT UTILISER CE GUIDE?

En le feuilletant, au hasard. Avec un bon café. Car vous risquez bien de vous faire prendre et de vous retrouver à consulter les sites des lieux mentionnés pour planifier vos prochaines vacances. Et qui sait si, à la fin de votre café, vous n'aurez pas tout réservé pour les prochaines vacances!

Il faut ensuite le glisser dans la valise pour le consulter en chemin et décider d'arrêter casser la croûte dans ce resto de campagne qui semble si charmant!

Prenez bien soin de vérifier les dernières informations avant de partir. Nous l'avons fait, mais le milieu du tourisme bouge beaucoup. Des endroits ferment leurs portes, d'autres apparaissent.

Nous ne nous sommes pas privés de recommander de toutes petites adresses, ouvertes presque en cachette, quelques heures par semaine. Appelez avant de passer: dans une ferme, une urgence est si vite arrivée...

Quelques commerces ferment pour la saison froide, plus ou moins longtemps. Certains villages sont aussi beaucoup plus tranquilles en début de semaine: dans ce cas, planifiez plutôt une visite le week-end.

Pour l'hébergement, nous avons indiqué les prix d'une nuitée (avec ou sans le petit-déjeuner) selon la légende suivante:

$ Moins de 100 $

$$ De 100 $ à 200 $

$$$ Plus de 200 $

Attention, l'hébergement peut parfois accommoder plus de deux personnes. Vous pouvez donc diviser le prix par le nombre de voyageurs, pour vous faire une idée plus juste. Certains prix comportent aussi le repas du soir.

Pour les restaurants, l'information est calculée selon le prix approximatif d'un repas pour une personne (sans alcool ni pourboire)

$ Moins de 20 $ par personne

$$ De 20 $ à 50 $

$$$ Plus de 50 $ pour un repas

Ces informations sont bien sûr données à titre indicatif, pour vous permettre de mieux planifier votre voyage.

Photo : Bernard Brault

QUESTION DE DISTANCE...

Si vous êtes de passage au Québec, quelques jours, vous devrez faire des choix difficiles. Car non, vous ne pourrez pas bruncher à Montréal, prendre un verre dans un bar tiki de Trois-Rivières au 5 à 7 et faire de la randonnée en soirée dans les Chic-Chocs, quoi qu'en dise ce vieux guide de voyage que vous avez traîné dans vos bagages.

DIX DISTANCES,
À PARTIR DE MONTRÉAL :

Québec : 250 km

Gaspé : 914 km

Gatineau : 206 km

Natashquan : 1265 km

Alma : 476 km

Hudson : 59 km

Saint-Venant-de-Paquette : 206 km

Saint-Élie-de-Caxton : 146 km

Mont-Tremblant : 145 km

Rouyn-Noranda : 632 km

Photo : Édouard Plante-Fréchette

DES PLAGES QUI SENTENT BON LES VACANCES

Le sable, les enfants qui courent, l'eau froide et le clocher de l'église à l'horizon. La saison des plages est courte, la saison des plages est précieuse.

SAINTE-LUCE-SUR-MER

Nathaëlle Morissette

Photos : Edouard Plante-Fréchette

Aller à la plage de Sainte-Luce-sur-Mer dans le Bas-Saint-Laurent ne se résume pas seulement à mettre les deux pieds dans l'eau salée ou encore à s'étendre sur le sable. C'est une expérience en soi.

Le petit village aux maisons colorées, le fleuve (ou plutôt la mer) à perte de vue, l'église qui donne l'impression d'avoir été construite sur les récifs...

Ce paysage de carte postale qui procure calme et plénitude vaut à lui seul le déplacement.

La plage de sable fin se trouve en plein cœur de l'Anse-aux-Coques. Le village semble avoir pris naissance tout autour. Pour ceux qui ne veulent pas se tremper le gros orteil, une promenade a été aménagée en bordure de mer. Le long du circuit, des panneaux illustrés racontent l'histoire de Sainte-Luce et font une description de la faune et de la flore qui l'entourent.

OÙ MANGER ?

Café Bistro l'Anse aux coques

Un séjour à Sainte-Luce ne peut se faire sans poissons ou fruits de mer. Pour assouvir ce goût de la mer, cap sur le Café Bistro l'Anse aux coques. La terrasse chauffée située face au fleuve permet d'admirer le paysage même les jours de pluie ou quand le temps est frisquet.

31, route du Fleuve Ouest,
Sainte-Luce-sur-Mer, G0K 1P0
www.anseauxcoques.com
418 739-4815 $

À FAIRE APRÈS LA PLAGE

Se promener dans les environs. Les amoureux du vélo peuvent aisément parcourir le Bas-Saint-Laurent en suivant le circuit de la Route verte qui les mènera d'ailleurs en plein cœur du village de Sainte-Luce.

CE QU'ON A AIMÉ

La beauté du paysage.

Photo : Édouard Plante-Fréchette

Olivier Pontbriand

Moulin banal du ruisseau à la Loutre

Construit au début du XIXe siècle, le moulin banal du ruisseau à la Loutre de Sainte-Luce compte parmi les plus anciens de la région. Il abrite aujourd'hui un gîte. La salle commune au rez-de-chaussée donne sur la mer. À l'étage, les trois chambres ont un cachet d'antan, recréé grâce aux meubles et aux armoires en bois fabriqués par un artisan de la région.

156, route du Fleuve Ouest,
Sainte-Luce-sur-Mer, G0K 1P0
www.gitemoulinbanal.com
418 739-3076 **$$**

Cabines de l'Auberge Sainte-Luce

À considérer aussi, les charmantes petites cabines blanches de l'Auberge Sainte-Luce qui font face à la mer. Simple et typique.

46, route du Fleuve Ouest,
Sainte-Luce-sur-Mer, G0K 1P0
www.auberge-ste-luce.com
418 739-4955 **$**

ÎLES-DE-LA-MADELEINE

L'ÉCHOUERIE

Violaine Ballivy

C'est pour le calme, le vrai, que l'on se rend jusqu'à Old Harry, dans un secteur moins touristique du nord-ouest des Îles-de-la-Madeleine.

Les restaurants, hôtels et boutiques de souvenirs se comptent sur les doigts d'une main dans le village d'importance le plus proche, Grande-Entrée. La nature a habilement opposé le rouge des falaises au vert des herbes et au bleu des vagues. Le sable doré est fin. Les algues s'y font rares, les rochers aussi, si bien que l'on peut marcher des heures sans autre obstacle que la fatigue des jambes.

La récompense des efforts n'est pas inintéressante : à l'une des extrémités, avec des jumelles, on peut avoir la chance de voir des phoques s'amuser dans le fleuve, à défaut d'y aller aussi si l'on craint l'eau fraîche. D'ailleurs attention : il faut être très prudent lorsque soufflent très fort les vents, la mer peut être très agitée et les courants dangereux.

Photo : Alain Robero

LES PLAGES

OÙ MANGER ? 🍴

Bistro Alpha

Le bistro Alpha, du plongeur Mario Cyr, sert dans une ambiance conviviale un menu abordable aux saveurs de la mer et autres produits du terroir : raviolis au homard, pizza aux palourdes et Tomme des demoiselles, salade au maquereau fumé. Bières locales. Parfait après une journée à la plage.

898, route 199, Grande-Entrée, G4T 7B1

$

À FAIRE APRÈS LA PLAGE

Visiter Grande-Entrée, désignée capitale du homard en 1994. Son port est l'un des plus occupés, avec une centaine de bateaux de pêcheurs colorés. Passez les voir décharger leurs prises du jour : impressionnant !

Visiter la Réserve nationale de faune de la Pointe-de-l'Est, paradis pour des ornithologues où l'on recense 150 espèces d'oiseaux, dont certaines en péril comme le pluvier siffleur.

Alain Roberge

BISTRO ALPHA

OÙ DORMIR ? ☾

La Salicorne

Un centre de vacances où l'on trouve à la fois de l'hébergement, un restaurant et un éventail d'activités guidées. Les chambres de l'auberge sont grandes et propres, auxquelles s'ajoutent 23 terrains de camping, avec ou sans services. Une très bonne option pour les familles.

377, route 199, Grande-Entrée, G4T 7A5
www.salicorne.ca
418 985-2833 $-$$

CE QU'ON A AIMÉ

Le sentiment d'isolement et le caractère très sauvage de cette plage. Il va sans dire que sa propreté est sans reproche.

SAINT-GÉDÉON

Marie-Eve Morasse

Photos : Edouard Plante-Fréchette

« Oh, c'est pas chaud, chaud ! » lance une baigneuse en mettant les pieds dans l'eau du lac, tandis que ses enfants ont déjà de l'eau jusqu'au nombril.

Les étés québécois sont courts et l'immense lac Saint-Jean peut mettre du temps à se réchauffer. Pas au point, toutefois, de se priver de fréquenter ses plages, même pour les plus frileux !

On accède à la plage de Saint-Gédéon en passant à travers un camping où logent bon nombre de saisonniers. En contournant les enfants qui jouent au badminton au milieu du chemin et à la vue des roulottes et des tentes, on plonge immédiatement dans les vacances.

La plage est modeste, mais le lac n'a pas de fin et on a tout le loisir d'y patauger sans se sentir encombré.

À FAIRE APRÈS LA PLAGE

L'été, le vélo est roi autour du lac Saint-Jean et les cyclistes se fondent dans le paysage. La Véloroute des Bleuets n'est qu'à quelques kilomètres de la plage.

OÙ DORMIR ?

Camping municipal

Ouvert de la fin mai au début septembre.

8, chemin de la Plage,
Saint-Gédéon, G0W 2P0
www.st-gedeon.qc.ca
$

CE QU'ON A AIMÉ

Les Innus avaient donné le nom de « Piekouagami » au lac Saint-Jean, ce qui signifie « lac peu profond ». Il faut en effet se rendre assez loin avant d'avoir de l'eau jusqu'à la taille. Les plus jeunes peuvent donc s'aventurer sans trop inquiéter les parents.

OÙ MANGER ?

Microbrasserie du lac Saint-Jean

Ouverte depuis 2007, la Microbrasserie du lac Saint-Jean a été fondée par des gens qui ont fait le pari de retourner s'installer dans leur ville natale pour y brasser de la bière. On leur en sait gré, particulièrement après une journée faite de baignade et de soleil ! Les enfants pourront prendre un jus et grignoter des nachos tandis que les adultes opteront pour une Blanche de Grandmont parfumée aux épices boréales ou encore pour la Beluette, savoureuse bière de blé au goût subtil de bleuets. On est au Lac après tout !

120, rue de la Plage,
Saint-Gédéon, G0W 2P0
www.microdulac.com
418 345-8758 $

D'AUTRES PLAGES
QU'ON AIME

Le Parc régional des Îles-de-Saint-Timothée baigne dans les eaux du fleuve Saint-Laurent qui, à cette hauteur, se trouve coincé entre le lac Saint-Louis et le lac Saint-François. D'un bout à l'autre, la plage se traverse en moins de cinq minutes, mais son attrait ne réside pas tant dans sa taille que dans l'endroit où elle est située. De la plage, la verdure n'est jamais bien loin. Que ce soit devant, où les îles qui parsèment le fleuve se déploient, ou derrière, où de grands arbres se dressent. On ne se sent pas pris dans un désert de sable. Il y a de l'ombre à profusion pour pique-niquer sans surchauffer bien assis dans le gazon à l'une des tables à pique-nique.

Dans les Cantons-de-l'Est, les plages Stukely et Fraser, situées au cœur du parc national du Mont-Orford, sont d'une grande beauté. Ceinturées de montagnes couvertes de feuillus, elles bordent toutes deux des lacs à l'eau limpide et au fond sablonneux. Des lacs quasi sauvages où les embarcations motorisées se font rares et où l'on plonge sans s'inquiéter de la qualité de l'eau.

Située à seulement 30 minutes de Montréal, la plage de Sainte-Catherine est petite, mais son sable doré et le fait qu'elle se trouve en bordure des rapides du Saint-Laurent donnent envie de se jeter à l'eau. On a l'impression de se retrouver face à une piscine naturelle – dont l'eau provient directement du fleuve. Super option pour la famille.

SURVEILLÉE
10H00 À 18H00

PLAGE STUKELY

Photos : Martin Chamberland

VISITE GUIDÉE

Nathaëlle Morissette

Rimouski

En débarquant à Rimouski, on n'a qu'une seule envie : s'approcher de l'eau. La baie de Rimouski se situe en effet en plein cœur du centre-ville. Une promenade longe le fleuve. En marchant, nos poumons se remplissent vite d'air salin.

Le café de la mer

Le Café du Moussonneur se distingue par son processus de transformation peu commun. L'étape de l'humidification se fait à l'aide de l'eau de mer et de l'air salin. Les grains sont ensuite séchés au soleil sur des treillis de tables en bois, installés sur le sable. Le premier Moussonneur est né aux Îles-de-la-Madeleine. À Rimouski, cet endroit sympathique offre une vue sur le fleuve et des sofas confortables. Que demander de plus ?

173, rue Saint-Germain Ouest,
Rimouski, G5L 4B0
www.lemoussonneur.com
418 721-7776 $

Le Feu ça Crée

À la fois boutique et galerie, Le Feu ça Crée permet de faire la découverte de toiles, de vaisselle, de bijoux, de jouets pour enfants : rien que des créations d'artistes du Bas-Saint-Laurent.

168, avenue de la Cathédrale,
Rimouski, G5L 5A9
www.lefeucacree.ca
418 730-6510

Promenade au parc

Situé à 20 minutes à pied du centre-ville, le parc Beauséjour fait presque office de parc urbain. En plus des sentiers pédestres qu'il offre le long de la rivière Rimouski, il permet aux adeptes du vélo et de patin à roues alignées de circuler sur des circuits éclairés. Les nombreux espaces gazonnés invitent au pique-nique. En hiver, le ski de fond, la glissade et le patin sont à l'honneur.

400, boulevard de la Rivière,
Rimouski, G5L 5H8
www.ville.rimouski.qc.ca

Découverte de l'histoire maritime

Les amateurs d'histoire voudront faire un arrêt au Musée de la mer et connaître le récit du naufrage tragique de l'*Empress of Ireland*, survenu le 29 mai 1914. Il faut également gravir le phare qui compte 128 marches et faire une visite du sous-marin l'*Onondaga*.

Site historique maritime de
la Pointe-au-Père.

1000, rue du Phare,
Rimouski, G5M 1L8
www.shmp.qc.ca
418 724-6214

Poissonnerie Gagnon

Une visite dans le Bas-Saint-Laurent ne peut se faire sans qu'on rapporte des fruits de mer à la maison. La Poissonnerie Gagnon est reconnue pour la fraîcheur de ses crabes qui arrivent directement en bateau sur le quai de Rimouski. Bonne nouvelle pour les vacanciers : on vous prépare des glacières sur place. Il est également possible de faire emballer ses produits sous vide pour les conserver plus longtemps.

675, boulevard du Rivage (route 132), Rimouski, G5L 1H1
www.poissonneriegagnon.com
418 724-6618

Le Crêpe Chignon

Crêpes sucrées, crêpes salées. Le menu de ce petit resto sympathique offre variété et fraîcheur. Les crêpes sont préparées sur un comptoir, à la vue des clients. Parfait pour les familles.

140, avenue de la Cathédrale, Rimouski, G5L 5H8
www.crepechignon.com
418 724-0400 $

Photos : Edouard Plan

LE BIC

Officiellement, Le Bic fait désormais partie de Rimouski. Officieusement, Le Bic, c'est... Le Bic. Un endroit unique, tout petit et tout rempli, juste à côté du fabuleux parc national, où il fait bon pagayer ou simplement prendre l'air au bord du fleuve.

MARIE-CHRISTINE BLAIS

OÙ DORMIR ?

Refuge du Vieux Loup de mer

Au Refuge du Vieux Loup de mer, juste à l'entrée du Bic, il règne une atmosphère « chalet familial ». Le lieu est étonnant, tourné vers le fleuve, où l'on peut même aller chercher ses œufs frais tous les matins, à quelques dizaines de mètres de la route 132 !

Les sept petits chalets sont décorés avec un kitsch assumé et joyeux, à la manière d'un « camp de chasse d'époque », avec panache et raquettes accrochés au mur, peaux d'animaux sur les fauteuils, meubles anciens, tableaux naïfs... mais aussi tout le confort voulu : il y a un micro-ondes, Internet sans fil, une télévision, un BBQ au gaz et tout ce qu'il faut pour faire la cuisine.

« C'est petit et ça va rester petit, le Refuge, explique Martin Gagnon, l'un des proprios. Pour que les gens s'y sentent chez eux et prennent le temps de respirer. L'été, on peut aller faire de la bicyclette dans le parc du Bic, visiter les musées, les boutiques, faire ceci et cela... Mais si tu veux, tu peux aussi acheter tout ce dont tu as besoin en chemin – c'est comme un pèlerinage, le long de la route 132, tu t'arrêtes à une ferme bio, à une boulangerie artisanale, etc. – et tu restes ici, tranquille, devant le fleuve, dans ton chalet... »

3250, route 132, Rimouski, G5L 7B7
www.vieuxloupdemer.com
418 750-5915 **$$**

OÙ MANGER ?

Chez St-Pierre

Dans son restaurant au décor simple et dépouillé, la jeune chef Colombe St-Pierre crée des merveilles de goût et d'équilibre, articulés autour des produits de la région, pour le grand bonheur d'une clientèle fidèle qui se presse en salle et sur la terrasse. Elle réussit à marier menu extrêmement raffiné et ambiance extrêmement relax, carte des vins accessible et plats dignes des plus grands restaurants. On vous recommande en particulier son menu dégustation cinq services. Et aussi de réserver !

129, rue du Mont-Saint-Louis, Rimouski, G0L 1B0
www.chezstpierre.ca
418 736-5051 **$$**

DIX CHOSES À FAIRE EN FAMILLE

C'est souvent les choses les plus simples, finalement, qui créent les souvenirs les plus forts. Ceux qui durent, parce qu'on a tous partagé ensemble un bon moment. Voici des activités pour rallier les petits et les grands.

Photo : Bernard Brault

1. FAIRE UN VŒU

Et la plus poétique façon de le faire est d'aller voir une pluie d'étoiles filantes (ou presque!) pendant les Perséides, au mois d'août, dans la région de Mégantic. Plus particulièrement à l'Astrolab du Mont-Mégantic. Le calme et les couvertures de laine rapprochent toutes les familles du monde. Même celles qui comptent des ados!

Astrolab du parc national du Mont-Mégantic
189, route du Parc, J0B 2E0
www.astrolab-parc-national-mont-megantic.org
819 888-2941

2. VOIR LE MONDE D'EN HAUT

Quelques entreprises d'ici offrent la balade en montgolfière, une expérience magique. Le hic, c'est que la météo peut annuler le départ à la dernière minute. Décevant... Pour être certain de ne pas rater son coup, il faut visiter un festival comme l'International de montgolfières en août, à Saint-Jean-sur-Richelieu. Même vu d'en bas, le bal des dizaines de ballons dans le ciel réveille un cœur d'enfant dare-dare.

International de montgolfières de Saint-Jean-sur-Richelieu
www.montgolfieres.com

Aussi à voir :
les festivals de Gatineau et Lévis.
C'est tout simple, mais c'est magique.

Festival de montgolfières de Gatineau
www.montgolfieresgatineau.com

Festivent de Lévis
www.festivent.net

Photo : Edouard Plante-Fréchette

3. SALUER NOS AMIS LES ANIMAUX

Le zoo de Granby (à seulement une heure de Montréal!), mais ... la nuit! Original.

Ou le refuge Pageau, en Abitibi, qui s'occupe des animaux malades ou blessés de la forêt boréale. Des visites sont prévues tous les jours, sur un sentier d'environ 1,5 km qui mène à la rencontre des animaux trop mal en point ou trop apprivoisés pour être remis en liberté. Le nombre de pensionnaires est un peu moins important en hiver et certains hivernent, mais d'autres, comme les loups, sont plus beaux que jamais, habillés de leur pelage hivernal.

Zoo de Granby
1050, boulevard David-Bouchard Nord, Granby, J2G 5P3
www.zoodegranby.com
450 372-9113

Refuge Pageau
4241, chemin Croteau, Amos, J9T 3A1
www.refugepageau.ca
819 732-8999

PLANÉTARIUM

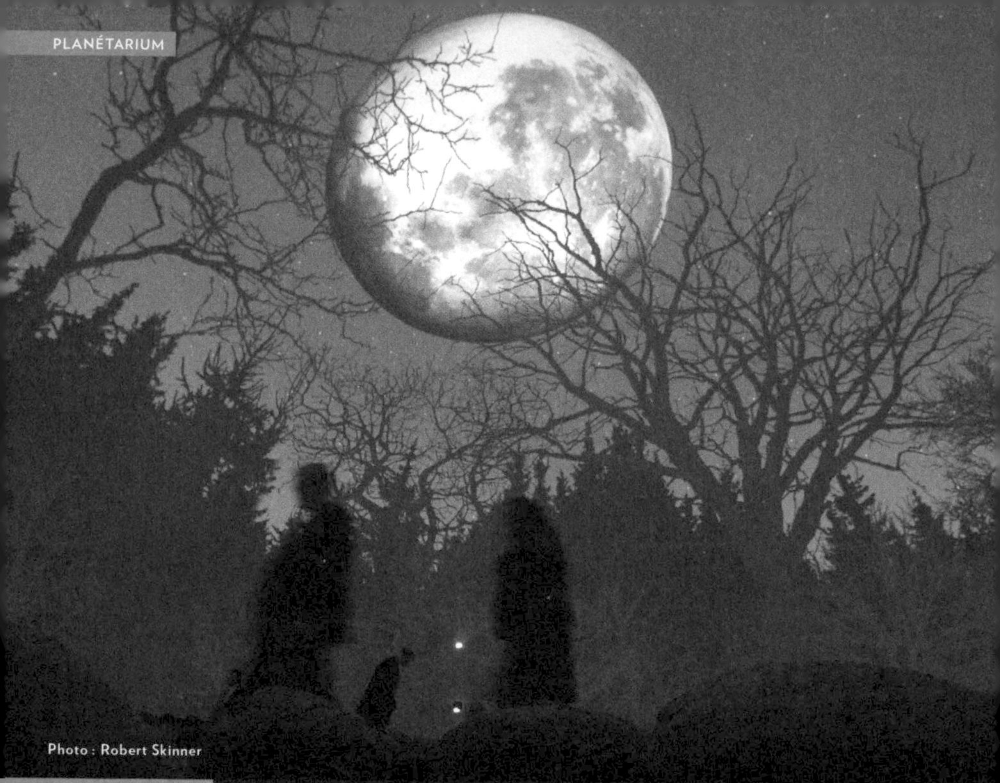

Photo : Robert Skinner

JARDIN BOTANIQUE

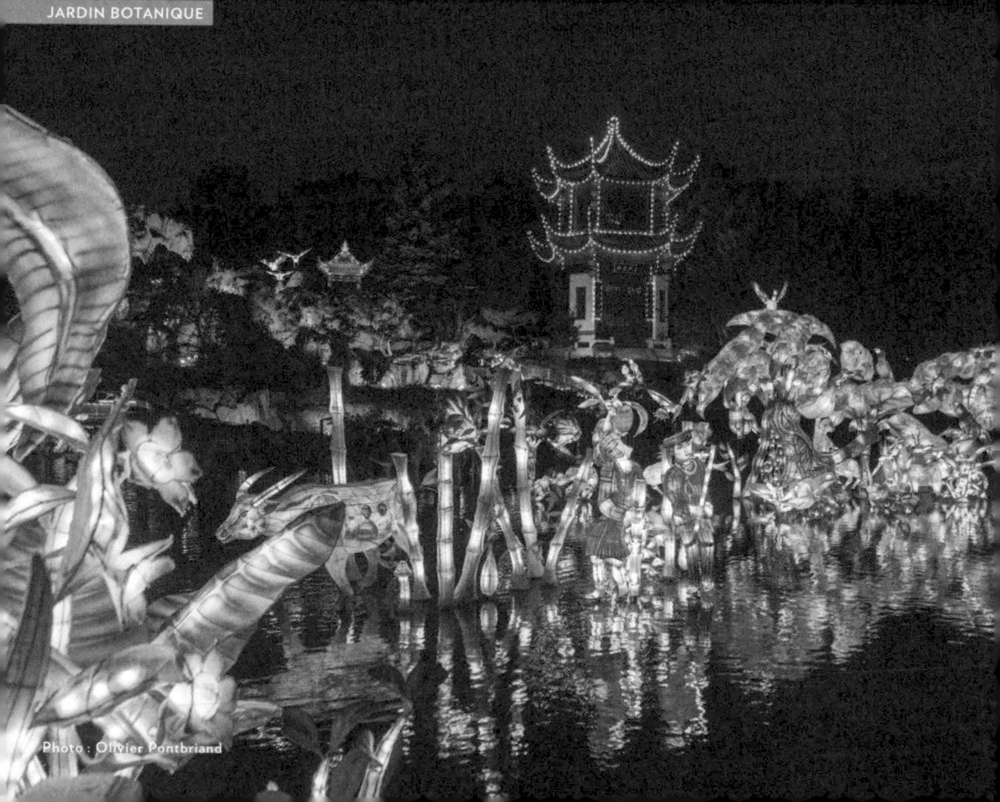

Photo : Olivier Pontbriand

Photo : Marco Campanozzi

4. EFFECTUER UN RETOUR EN NATURE, EN VILLE

Montréal en famille doit contenir une sortie vraiment ciblée pour les petits. Pensons au trio Planétarium, Jardin botanique et Biodôme qui se trouvent tous les trois tout près du Stade olympique, à distance de marche les uns des autres. Ce qui permet, pour une journée bien remplie, de faire un combo ! L'automne, la Magie des lanternes au Jardin botanique... porte très bien son nom ! Magnifiques, ces lumières qui scintillent dans le noir. À l'année, les jours de pluie, il faut passer au toujours magique Biôdome et au nouveau Planétarium.

www.espacepourlavie.ca

Planétarium
4801, avenue Pierre-de Coubertin, Montréal, H1V 3V4
514 868-3000

Jardin botanique
4101, rue Sherbrooke Est, Montréal, H1X 2B2
514 872-1400

Biodôme
4777, avenue Pierre-de Coubertin, Montréal, H1V 1B3
514 868-3000

5. PARTIR POUR UNE GRANDE CHEVAUCHÉE

Partir à dos de cheval dans la forêt? Ça, c'est vraiment l'aventure! La Pourvoirie Daaquam se trouve au cœur du parc régional des Appalaches, à 115 km au sud-est de Québec. Elle propose différentes sorties à cheval, quatre saisons, dont le fabuleux vingt-quatre heures d'expédition, coupées en deux par une nuitée dans un refuge, où les cavaliers peuvent s'imaginer dans la peau d'un cowboy.

Fait de bois équarri, le refuge a toutes les caractéristiques de la cabane au Canada, si chère à l'imaginaire des touristes étrangers: poêle à bois, toilettes sèches extérieures, lits superposés en bois, sacs de couchage moelleux... Rustique, mais confortable, surtout après deux heures trente d'équitation au grand air. Des balles de foin pour les chevaux, un chocolat chaud pour les humains. Le bonheur.

Réservé aux grands cowboys.

STÉPHANIE MORIN

Pourvoirie Daaquam
47, rue des Moulins,
Saint-Just-de-Bretenières G0R 3H0
www.daaquam.qc.ca
418 244-3442

d Brault

6. DORMIR DANS UNE IMMENSE FORTERESSE EN BOIS

D'accord, d'accord, une nuit au Château Montebello, ce n'est pas donné ! Mais c'est tout un luxe et – ô surprise, particulièrement pour les petits qui y sont accueillis comme... des vrais princes ! L'établissement offre en effet plusieurs activités, dont une minicabane à sucre intérieure, hiver comme été ! En plus des nombreuses activités offertes en tout temps, les fêtes et les congés, ça devient carrément la foire : chasse au trésor, curling, décoration de biscuits, soirée cinéma-popcorn...

Château Montebello
392, rue Notre-Dame,
Montebello, J0V 1L0
www.fairmont.fr/montebello
1 866 540-4462 **$$$**

7. ÉCOUTER LES BATEAUX QUI CHANTENT

Une balade dans le Vieux-Port de Montréal se transforme en un moment inoubliable quand les bateaux se mettent à chanter, dans un son imposant, et un peu troublant, même ! Il faut assister aux symphonies portuaires si vous vous trouvez en ville, les dimanches de fin d'hiver où elles se tiennent. Unique, avec ou sans petits !

Dans le Vieux-Port de Montréal
Infos au Musée Pointe-à-Callière :
www.pacmusee.qc.ca

Photo : David Boily

8. COURIR DANS UN VERGER

Une fois par année, il faut aller aux pommes. On ne peut pas y échapper, à l'automne, le tout-Québec se transforme en un immense verger et toutes les familles se rencontrent, panier à la main, sous l'arbre. Alors cette année, on ne boude pas son plaisir, d'accord ? On conseille les fermes de la Montérégie, et on conseille aussi de s'armer de patience, car il y a vraiment beaucoup de monde...

Vous êtes dans la région de Québec ? Alors c'est le moment de traverser à l'île d'Orléans, paradis des pommiers. Mais là aussi, vous apportez votre patience avec vous : les pommes au Québec, c'est populaire !

9. SE LAISSER POUSSER PAR LE VENT

Imaginez le formidable terrain de jeu aquatique qu'est le lac Saint-Jean : 1100 km² d'eau chaude et potable, bordée par 54 km de plages sablonneuses, dont 11 km complètement vierges ! Un paradis (encore peu fréquenté) pour amateurs de voile. À bord d'une des embarcations de l'entreprise Mikahan, on peut explorer le lac pendant des jours sans revenir au point de départ.

STÉPHANIE MORIN

Mikahan – Voile Lac Saint-Jean
Marina de Roberval, Roberval
www.voilelacst-jean.com
418 815-5138

10. SE RAPPROCHER DES OISEAUX

Le lac Saint-Pierre est reconnu depuis 2000 comme réserve mondiale de la biosphère par l'UNESCO. Au printemps, la saison est parfaite pour voir s'envoler grands hérons, colverts, canards pilets et autres oiseaux aquatiques venus nicher dans le bassin d'eau douce le plus en aval du Saint-Laurent. On peut embarquer sur un petit bateau pour une excursion de groupe, faire du kayak ou alors faire une marche sur les passerelles qui enjambent les marécages.

À découvrir : le Biophare, petit musée plein d'infos sur la nature de ce coin.

Biophare
6, rue Saint-Pierre, Sorel-Tracy, J3P 3S2
www.biophare.com
www.randonneenature.com
877 780-5740

BIOPHARE

LAC SAINT-PIERRE

Photos : Robert Skinner

Photos : Robert Skinner

Café Terrasse

Le Cafetier
SUTTON

Café en grains

Thés et tisanes
biologiques

Bières
micro brassées

Vins du terroir

Smoothies

Jus Frais

Petits-déjeuners

Sandwichs

SUTTON,
LA VILLE QUI AIME
LES ENFANTS

Sutton, dans les Cantons-de-l'Est, pourrait aisément recevoir un sceau « village famille ».

Avec ses commerces presque tous pourvus de rampes d'accès – idéales pour les poussettes –, de chaises hautes et parfois même de jouets, ce petit coin de pays situé à une heure de Montréal revêt des airs de paradis pour les voyages en famille – surtout avec de jeunes enfants.

Un exemple ? Au restaurant italien la Tartin'Izza on vous offrira avec le sourire une table pour deux adultes... et une énorme poussette ! Installée dans un coin, tranquille, près de la fenêtre, avec un petit toutou coloré !

Le Cafetier, ce petit café qui se transforme en bistro sympathique le soir, peut également se targuer d'être un établissement pro-famille, grâce à son étagère de jeux, à ses chaises hautes, à ses sièges d'appoint et à son menu pour les tout-petits.

La disponibilité des espaces de stationnement – avantage non négligeable, va aussi plaire aux familles. Surtout lorsque les enfants décident qu'ils n'ont pas envie de marcher le long de la rue principale pour se rendre jusqu'au marchand de crème glacée...

NATHAËLLE MORISSETTE

Photos : André Pichette

OÙ DORMIR ? 🌙

Deux endroits très chouettes si vous allez à Sutton, en famille ou non.

L'Auberge DK

Tout confort, au décor moderne qui change des petites auberges champêtres. Les chambres peuvent facilement loger une famille avec plusieurs enfants. Elles sont toutes aménagées sur deux paliers. En plus d'un grand lit pour les parents et d'un espace pour installer un lit pliant, l'étage du haut comporte deux lits simples. L'auberge est bien située, au centre de village, avec vue sur la rivière Sutton.

NATHAËLLE MORISSETTE

27, rue Principale Sud,
Sutton, J0E 2K0
www.aubergedk.com
855 311-0005 **$$**

Le Pleasant

Gros coup de cœur pour Le Pleasant qui se trouve dans une maison victorienne, bâtie en 1903 pour le médecin du village. L'hôtel est situé à deux pas de la rue Principale. Les deux proprios, fous de déco, ont conservé bien des éléments d'origine : moulures, planchers de bois, poignées en laiton travaillées qui côtoient harmonieusement les éléments modernes. On ne se surprend pas de voir une lampe Jonathan Adler éclairer des boiseries, de l'art contemporain s'afficher à des murs centenaires. Magnifique.

MARIE-EVE MORASSE

1, rue Pleasant, Sutton, J0E 2K0
www.lepleasant.com
450 538-6188 **$$**

DORMIR AUTREMENT

Il y a des endroits qui font rêver, car ils sont si originaux. Et en escapade, on a parfois envie d'une aventure qui sort de l'ordinaire !

Photos : Marie-Claude Malboeuf

UN PERCHOIR DOUILLET

Avec son joli sentier et ses trois ruisseaux, la forêt du domaine Canopée Lit est charmante. La nuit, les lucioles clignotent au creux des herbes. Le jour, les lièvres détalent devant les randonneurs.

Comme bien des Français, les maîtres des lieux rêvaient d'une cabane au Canada. Non pas au fond des bois, mais tout au sommet, dans ce qu'on appelle désormais la canopée. C'est ainsi qu'à L'Anse-de-Roche, six cabanes sur pilotis entourées de terrasses regardent aujourd'hui vers le fjord du Saguenay.

Pour s'y rendre, il faut marcher 10 minutes. À l'intérieur, les bagages sont déjà là. Tout est propre, lumineux, odorant. Les couleurs vives de jolis tapis marocains rivalisent avec le bleu du Saguenay.

qu'on voit au loin. La rampe de la mezzanine est faite de branches qui arborent encore leur écorce. On prend une douche (d'eau de ruisseau chauffée) dans le fond d'un tonneau. Et le petit-déjeuner est livré à la porte, dans une mignonne boîte à outils pleine de galettes et de petits pots de miel, confitures...

MARIE-CLAUDE MALBŒUF

Domaine Canopée Lit
303, chemin de l'Anse de Roche, Sacré-Cœur, G0T 1Y0
www.canopee-lit.com
418 236-9544 **$$**

Photo : Martin Chamberland

DANS UNE ROULOTTE DE GITANS

Des coussins frangés en quantité. Une couette épaisse en tissu arc-en-ciel chatoyant. Des chaises de couleur, des châles brodés, des draperies, des vitraux rouges, jaunes, verts.

Impossible de rêver en noir et blanc quand on passe la nuit dans une roulotte gitane comme celle du Rond coin, à Saint-Élie-de-Caxton. Le sympathique site propose une foule d'hébergements inspirés des nomades du monde entier : yourte mongole, tipi sioux, tente prospecteur...

STÉPHANIE MORIN

Rond coin
340, rue Saint-Louis,
Saint-Élie-de-Caxton G0X 2N0
www.lerondcoin.com
819 221-3332 **$$**

DANS UN REFUGE DE HOBBIT

Féérique : une petite maison troglodyte en plein cœur de la forêt d'Eastman, cachée sous un couvert d'herbe. Comme si on se trouvait dans *Le Seigneur des anneaux*. Peut accueillir une famille de quatre. On adore.

Entre cimes et racines
80, chemin Simard,
Eastman, J0E 1P0
www.entrecimesetracines.com
866 297-0770 **$$**

Photos : Robert Skinner

UN AQUARIUM
DANS LANAUDIÈRE

La rivière Dufresne coule paresseusement au bord des hamacs. Chez Kabania, on fait la sieste entre ciel et terre. La nuit, on ronfle plus haut encore, à cinq mètres du sol, au niveau des oiseaux, dans des *cabanitas* qui méritent vraiment leur nom.

Pour y entrer, il faut s'accroupir et passer à travers une demi-porte de contreplaqué. L'un des murs est avalé par une immense fenêtre. Le matelas deux places occupe presque tout l'espace sous le toit pentu. On doit laisser ses bagages sur la terrasse, au pied de la petite table bistro.

Et le succès immédiat des neuf premières cabanes (montées sur pilotis) a convaincu les proprios de s'avancer un tout petit peu plus loin dans la forêt Ouareau, à 20 km au sud-est de Saint-Donat.

Résultat : sept nouvelles cabanes perchées. À la lueur des balises, le sentier qui y mène, en 10 minutes, est enchanteur.

La magie opère aussi sous les lanternes étoiles du pavillon commun. On s'y prélasse sur de grands coussins indiens, après avoir utilisé la cuisine en plein air – elle aussi commune, tout comme le barbecue, les douches et les toilettes.

Les deux propriétaires de Kabania tenaient à favoriser les rencontres. Les clients y partagent donc de surcroît des balançoires, des glissoires, un étang aux grenouilles et un terrain de volleyball.

MARIE-CLAUDE MALBOEUF

Kabania
2244, chemin du Grand Duc,
Notre-Dame-de-la-Merci, J0T 2A0
www.kabania.ca
819 424-0721 **$**

D'AUTRES ENDROITS
À CONSIDÉRER
POUR DORMIR
DANS LES ARBRES

À Glen-Sutton, dans les Cantons-de-l'Est, trois refuges perchés à environ quatre mètres peuvent loger quatre, six ou huit personnes.

Au Diable vert
169, chemin Staines, Sutton, J0E 2K0
www.audiablevert.ca
450 538-5639 **$$**

Deux maisons de quatre places chacune sont nichées à plus de huit mètres dans les pins, au-dessus du Parc Aventures Cap Jaseux.

Parc Aventures Cap Jaseux
À Saint-Fulgence, au Saguenay
250, chemin de la Pointe-aux-Pins,
Saint-Fulgence, G0V 1S0
www.capjaseux.com
418 674-9114 **$-$$**

DANS UN SOUS-MARIN

Un rêve de petit garçon. *L'Onondaga* est un sous-marin appartenant auparavant à la Défense nationale canadienne, maintenant installé à Pointe-au-Père dans le Bas-du-Fleuve. Il est possible de le visiter seulement, mais pour une expérience hors du commun, il faut passer une nuit à bord. À savoir si vous allez dormir, c'est selon votre imagination !

**Site historique maritime
de la Pointe-au-Père**
1000, rue du Phare,
Rimouski, G5M 1L8
www.shmp.qc.ca
418 724-6214 $

DANS UNE BULLE

Le Village Windigo, dans les Hautes-Laurentides, propose de passer une nuit dans une sphère transparente conjuguant le plaisir de dormir à la belle étoile et le confort d'une chambre d'hôtel. Enfin presque, car la bulle est maintenue au moyen d'un système d'air pulsé bruyant. La plus petite bulle est dotée d'un lit à deux places, d'une table de chevet et d'une petite lumière, alors que la plus grande est doublée d'une deuxième bulle « salon », avec canapé, mais sans télé. Et pour cause : la seule et vraie raison d'aller y dormir est d'avoir le plaisir de se coucher en regardant les étoiles et de se réveiller avec le lever du soleil.

VIOLAINE BALLIVY

Le Village Windigo
548, chemin Windigo,
Ferme-Neuve, J0W 1C0
www.lewindigo.com
819 587-3000 $$$

Photo : Édouard Plante-Fréchette

DANS UN PHARE

Un de ces endroits secrets qu'on hésite à dévoiler...

Sur la très discrète île du Pot à l'Eau-de-vie, en plein milieu du fleuve, face à Rivière-du-Loup. Trois chambres coquettes à louer, dans ce magnifique phare blanc et rouge qui semble appartenir à un conte. Soyez prévoyant : le phare n'est ouvert que de juin à septembre, donc les places s'envolent vite.

Info : Société Duvetnor
www.pharedupot.com
418 867-1660 **$$$**

Photo : Bernard Brault

LE PLUS BEAU VILLAGE DU QUÉBEC

Ville-Marie, au Témiscamingue, a remporté le titre de plus beau village du Québec, par vote populaire, lors d'un concours que nous avions lancé pour mesurer la fierté des villageois pour leur coin de pays.

Nous sommes allés voir sur place pourquoi cet endroit méconnu était sorti grand gagnant. Nous avons compris tout de suite. C'est une histoire de grand air et de lac. Mais surtout, de gens.

LES SOURIRES DE VILLE-MARIE

Violaine Ballivy

Ville-Marie n'est pas de ces coins de pays dont on tombe amoureux à l'instant même où l'on en franchit les limites, foudroyé par la beauté d'un clocher d'église ou d'une enfilade de maisons colorées.

Pour succomber, il faut en gagner le cœur, découvrir celui qui nous est vanté 100, 1000 fois par jour, celui sans qui, vraiment, personne ne s'imaginerait vivre ici : le roi et maître des lieux, le lac Témiscamingue.

Et il en jette, ce lac majestueux aux dimensions aussi impressionnantes sur papier (110 km de long, 300 km² de superficie) qu'en berges et en eau. C'est une véritable mer intérieure ! La rive opposée est celle d'une autre province – l'Ontario –, et celles de gauche et de droite semblent sous la domination totale de dame Nature : bordées de forêts et de champs doucement vallonnés, qui s'étendent à perte de vue.

Dans la marina, les bateaux sont prêts à larguer les amarres et à partir à l'aventure. C'est aussi le lieu de tous les rassemblements. C'est ici qu'on trimballe en poussette les dernières preuves du baby-boom québécois, ici que les écoliers apprennent à nager après les classes, ici que les couples se tiennent la main à la brunante, ici que les jeunes font la fête sous les étoiles, ici que, tous les dimanches de l'été, ont lieu des spectacles en plein air, quand les journées sont chaudes, mais les nuits fraîches, au gré d'un microclimat particulièrement agréable.

Le cœur du village n'est pas le perron de l'Église, le bar du coin ou le centre commercial. C'est un écrin indigo.

Ville-Marie peut se targuer d'être la plus ancienne localité de toute l'Abitibi-Témiscamingue, car c'est d'ici que fut donné le coup d'envoi de la colonisation de cette région immense, à la fin du XIXe siècle, sous l'impulsion des frères et des pères oblats, convaincus que le climat y était particulièrement propice à l'agriculture.

On promettait aux chômeurs montréalais l'« autonomie financière », en leur vendant une terre à défricher et à rembourser dans les six années suivantes. Grosse affaire. Une visite de la maison du frère Moffet, le site le plus intéressant à visiter aujourd'hui à Ville-Marie, remarquablement bien préservée, est essentielle pour saisir l'extrême rigueur des conditions de vie de cette époque pas si lointaine. Ou pour apprendre de savoureuses anecdotes, comme la signification de l'expression «ne pas aller chier loin», qui nous vient de cette période où, plus on était nanti, plus la bécosse était située loin de la maison.

On ne pourra s'empêcher de regretter qu'il n'y ait pas plus de maisons centenaires dans Ville-Marie, outre l'impressionnante école en pierre des champs érigée par les frères oblats à l'aube de la Seconde Guerre mondiale. Les plus jolies constructions sont concentrées rue Notre-Dame – dont Chez Eugène, une auberge sympathique où s'arrêtent régulièrement les chansonniers du Québec.

Ce n'est donc pas tellement pour l'architecture que pour les couchers de soleil splendides sur le lac Témiscamingue et l'accueil si chaleureux des habitants de Ville-Marie qu'on s'y arrêtera.

« Ils m'ont élu maire. Moi, un Belge ! Si ce n'est pas être accueillant avec les étrangers, je ne sais pas ce que c'est ! » renchérit Bernard Flébus, un maire autrement plus haut en couleur que la moyenne de ses homologues. Chocolatier, il a eu le coup de foudre pour Ville-Marie il y a 22 ans et n'a jamais mis un terme à son voyage. On ne le déracinerait plus d'ici pour rien au monde. « J'ai déjà déterminé que je veux être enterré ici, dit-il entre deux saluts de la main. Tout le monde se connaît. Ça pourrait être pesant, mais c'est rassurant, on est comme une grosse famille. »

Le Caféier

Le torréfacteur local, le Caféier, prépare salades et paninis le midi et offre une belle sélection de bières de microbrasseries. Quelques produits régionaux offerts. Sans doute le meilleur cappuccino des environs.

7, rue Sainte-Anne,
Ville-Marie, J9V 2B6
819 629-2772 **$**

Chocolats Martine

Les tablettes de Chocolats Martine sont vendues dans tous les dépanneurs de la région, mais il faut faire un détour par l'atelier-boutique jouxtant la marina pour goûter la multitude de bouchées différentes concoctées par le maître-chocolatier Bernard Flébus.

5, rue Sainte-Anne,
Ville-Marie, J9V 2B8
www.chocolatsmartine.com
819 622-0146

La Bannik

À cinq minutes du centre de Ville-Marie, La Bannik propose un vaste choix de poissons, grillades et pâtes préparées avec le souci de valoriser les produits du Témiscamingue. La salle à manger en bois offre un panorama splendide sur le lac. Sans doute l'un des établissements les plus chic du coin.

862, chemin du Vieux-Fort,
Duhamel-Ouest, J9V 1N7
www.bannik.ca
819 622-0922 **$$**

Photos : Olivier Pontbriand

OÙ DORMIR ? ☾

Chez Eugène

Les meilleures chambres de Ville-Marie sont Chez Eugène, dans cette maison centenaire transformée en coquet café-couette donnant directement sur le lac. La jeune et dynamique propriétaire prépare chaque matin de bons petits-déjeuners, frais et originaux. Menu bistro mettant en valeur les produits de la région, midi et soir, et jolie terrasse.

8, rue Notre-Dame Nord,
Ville-Marie, J9V 1W7
www.chezeugene.ca
819 622-2233 $

Photo : Edouard Plante-Fréchette

SI VOUS ÊTES AMOUREUX...

C'est parfois pour quelques jours ou alors juste pour sortir du quotidien : voici des lieux qui ont quelque chose de plus. Entre le confort et l'émerveillement.

Photos : Stéphanie Morin

BAS-SAINT-LAURENT

MÉTIS-SUR-MER

Stéphanie Morin

S'éterniser. C'est ce qu'on souhaite lorsqu'on découvre pour la première fois Métis-sur-Mer, caché au fond d'une baie tranquille, loin du brouhaha de la route 132.

C'est l'un des plus beaux villages du Québec, où la vie coule paisiblement.

Métis-sur-Mer baigne dans une ambiance surannée, avec ses villas cossues construites par la bourgeoisie anglophone, qui en a fait son lieu de villégiature vers la fin du XIXe siècle. Tous les étés, les luxueux hôtels victoriens se remplissaient de vacanciers fortunés, arrivés par le train.

Construite en 1854, la maison octogonale, avec ses huit façades d'un blanc éclatant, témoigne du faste de l'époque. Il flotte un parfum de nostalgie dans son jardin fleuri, tout comme dans les larges rues tranquilles de Métis-sur-Mer, où des résidants, vêtus de blanc, roulent en vélo vers leur leçon de golf ou de tennis.

OÙ DORMIR ? 🌙

L'Auberge du Grand Fleuve

Une bédé signée Djian, un essai sur le commerce équitable, un traité de spiritualité pour les nuls, des romans de Barricho, Laferrière, Sand, Gary...

Une fois calé contre l'oreiller, avec la mer qui gronde au pied du lit, le lecteur n'a qu'à tendre la main pour faire son choix.

À l'Auberge du Grand Fleuve, les chambres ont des allures de bouquinerie avec des livres empilés dans tous les coins. Depuis 16 ans, lecteurs boulimiques, gourmets et vacanciers en quête de tranquillité font escale dans ce chaleureux « bouquin-couette » dans le secteur Les Boules de Métis-sur-Mer. Les propriétaires ont transformé l'ancien hôtel Les Boules en auberge où littérature et gastronomie sont reines.

De la salle à manger au salon, en passant par les chambres, des bouquins en tous genres s'entassent, ne demandant qu'à être ouverts en attendant que les convives passent à table pour le souper table d'hôte où poissons, fruits de mer et autres produits régionaux volent la vedette. Les poissons ont été pêchés dans le fleuve, les légumes sont apportés par des producteurs du coin. Tout est savoureux, frais à souhait.

131, rue Principale,
Métis-sur-Mer, G0T 1S0
www.aubergedugrandfleuve.qc.ca
418 936-3332 **$$$**

OÙ MANGER ? 🍴

Café sur mer

La famille de Janis Gillan loge à *Metis Beach* chaque été depuis sept générations. Son grand-père, Arthur Mathewson, ministre des Finances sous Adélard Godbout, venait se reposer le long de la baie. En juillet 2012, Janis a ouvert un commerce dans l'ancienne cordonnerie Leblond, le Café sur mer. Boutique de décorations d'inspiration maritime, café, musée, le lieu se veut aussi un centre culturel où les résidants (tant anglophones que francophones) se mêlent aux visiteurs.

C'est l'endroit rêvé pour prendre un café (ou l'*afternoon tea*), jaser et prendre le pouls d'une communauté qui donne parfois l'impression de vivre en vase clos, derrière ses clôtures blanches et ses hautes haies taillées au millimètre près. La fée Janis veille à ce que tout le monde se sente chez soi. Et ça marche.

160, rue Principale, Métis-sur-Mer, G0J 1S0
418 936-3936 **$**

Les Bouchées doubles

Juste derrière le Café sur mer, dans une épicerie fine, Les Bouchées doubles, la chef Suzie-Jeanne Pineault propose des produits importés, mais aussi plusieurs plats cuisinés sur place, à partir de produits du terroir. Samosas de caille, cannellonis de cerf, saucisses de sanglier. Des délices raffinés, à l'image du village de Métis-sur-Mer.

160A, rue Principale,
Métis-sur-Mer, G0J 1S0

UNE BOUCHÉE AUX JARDINS DE MÉTIS

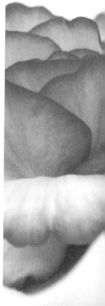

Au milieu des années 2000, les Jardins de Métis, situé tout près, à Grand-Métis, rouvraient leur restaurant installé dans la magnifique, historique et opulente Villa Estevan. C'était déjà une bonne nouvelle. La très bonne nouvelle, c'est que le chef de la Villa Estevan, ainsi que des deux beaux cafés installés dans les jardins historiques, est Pierre-Olivier Ferry. Issu d'une lignée de grands chefs – son grand-père, son arrière-grand-père et son arrière-arrière-grand-père ont tous porté la toque ! –, le jeune Québécois doué craque pour tout ce qui s'appelle plante comestible. Utile quand on cuisine au jardin...

Quand il a débuté aux Jardins, il le reconnaît, il allait cueillir « incognito », c'est-à-dire clandestinement, des plantes un peu partout dans les plates-bandes... Ce qui ne faisait pas particulièrement plaisir aux jardiniers, un peu atterrés devant les « trous » laissés par son passage. Tout a changé quand Ferry a rencontré l'horticultrice en chef Patricia Gallant. Devant la passion sans borne du jeune homme pour les végétaux comestibles, elle a décidé de le soutenir. Depuis, un potager, puis des serres remplies de 23 000 plants de toutes sortes, puis un jardin d'hémérocalles et même un jardin linéaire rempli de pensées, de calendules, de thym et de lavande servent tous à combler les besoins de la cuisine. Il a désormais le choix entre plus de 200 végétaux comestibles !

MARIE-CHRISTINE BLAIS

200, route 132, Grand-Métis, G0J 1Z0
www.jardinsdemetis.com
418 775-2222

Photos : Bernard Brault

WAKEFIELD

Violaine Ballivy

Ce petit village au charme fou est lové le long de la rivière Gatineau.

Il a tout pour plaire, avec ses cafés parsemés le long de la bien nommée route Riverside. Les maisons de bois sont peintes en rouge, jaune maïs, vert forêt ou pervenche. Le soir, le clair de lune émaille de milliards d'étoiles la surface de la rivière gelée, un tableau sublimé par la lueur chaleureuse émanant des chalets nichés dans les collines d'en face.

Coquet, oui. Snobinard, non. D'où l'intérêt. Et, contrairement à bien des villages de plus grande taille, Wakefield ne s'endort pas. Des chansonniers donnent le ton au Kaffé 1870 et au café Le Hibou, entre deux verres de bière.

À savoir : l'entrée du parc de la Gatineau est si près de Wakefield qu'on peut s'y rendre à pied à partir du centre-ville, pour une balade à vélo ou à skis, selon la saison !

OÙ DORMIR ? ☾

Moulin Wakefield

Pour l'hébergement, il faut choisir l'une des belles chambres du confortable Moulin Wakefield. Il permet aussi à ses clients de se détendre les muscles dans l'un des bains extérieurs, ce qui est fort appréciable, étant donné que la région est parfaite pour les cyclistes et les skieurs de tous calibres.

60, chemin Mill,
Wakefield (La Pêche), J0X 3G0
www.wakefieldmill.com
819 459-1838 **$$-$$$**

OÙ MANGER ? 🍴

Malgré la faible population – à peine un millier d'habitants –, Wakefield concentre un nombre impressionnant de restaurants, bars et cafés.

Chez Éric

Le menu, même s'il est très carnivore, comprend toujours une option végétarienne et un plat de poisson. On y croisera aussi bien un groupe de jeunes réunis pour partager un plateau de fromages qu'un couple venu dîner en tête-à-tête. Le détail craquant : le pain maison est servi avec de la gelée de pommes cueillies dans le jardin du resto.

28, chemin Valley,
Wakefield (La Pêche), J0X 3G0
www.chezeric.ca
819 459-3747 **$$**

KAMOURASKA

Marie-Christine Blais

Village romantique entre tous, parce qu'il y a le fleuve et un charme fou qui baigne la rue Principale avec son magasin général, sa boulangerie, sa poissonnerie. Il y a aussi à Kamouraska un refuge qui sent bon le chocolat...

OÙ MANGER ?

Bistro Côté Est

Là où l'on sublime les produits de la région et l'on travaille avec des matières méconnues, comme le merveilleux persil de mer. Formidable endroit, vue sur le fleuve.

76, avenue Morel,
Kamouraska, G0L 1M0
www.cote-est-a-kamouraska.com
418 308-0739 **$**

Photo : Martin Chamberland

Photos : Bernard Brault

OÙ DORMIR ? ☾

La Fée gourmande

Il était une fois un jeune couple fort occupé et très urbain qui décida un beau soir de se lancer dans une entreprise un peu folle : reprendre les rênes d'une belle chocolaterie, le long du fleuve Saint-Laurent...

Avec l'aide de la chocolatière de Kamouraska qui prenait sa retraite, ils se sont découvert des dons en la matière. Ils font désormais des chocolats délicieux, des glaces au lait et des sorbets, des tartelettes...

Coupés à la guitare, enrobés à la main, 75 % des chocolats de La Fée gourmande sont faits « à la fourchette ». Les enrobages, les ganaches, les caramels, les purées de fruit, tout est fait sur place.

Le pavé à la menthe donne vraiment l'impression de croquer dans une feuille de menthe – très loin du After Eight ! Le Pondichéry est fait avec une pointe d'anis étoilé.

Et La Fée gourmande a ajouté un volet éducatif et ludique à ses activités : des ateliers de dégustation et de fabrication, pour petits et grands.

Dans la pimpante boutique jaune vif, on trouve aussi de très bons cafés, des bonbons artisanaux, des truffes, des tartinades, de la guimauve maison...

La maison a bien sûr été rénovée, avec soin. C'est au moment des rénovations que les nouveaux chocolatiers ont eu une autre idée : le village de Kamouraska compte plus ou moins 60 chambres à louer pour les estivants et touristes. Ça n'est pas beaucoup, quand on considère que les lieux sont magnifiques. Pourquoi ne pas ajouter à l'offre d'hébergement ?

C'est ainsi que La Fée gourmande est devenue un B&B : « En fait, comme on n'offre pas le petit-déjeuner, on s'est arrangé avec les propriétaires de l'auberge de l'autre côté de la rue pour ça, nos invités peuvent aller y déjeuner. On offre plutôt un forfait *Bed & Chocolate* : une nuitée, un atelier de dégustation et une boîte de 16 chocolats ! » explique l'un des propriétaires, Jean-Philippe Champagne, en riant.

167, avenue Morel, Kamouraska, G0L 1M0
www.laféegourmande.ca
418 492-3030 **$$**

DEUX OPTIONS
POUR AMOUREUX ORIGINAUX

Motel Coconut

Le comble du kitsch, le motel Coconut de Trois-Rivières, pour amoureux nostalgiques ou pleins d'humour. Il n'y a – hélas ! – qu'une chambre du motel Coconut qui épouse la culture tiki. Et même la suite Tahiti a un look assez contemporain. Mais le bar du motel trifluvien a bel et bien conservé les palmiers et les totems. On craque pour les drinks de couleur servis avec le petit parapluie de papier.

7531, rue Notre-Dame Ouest, Trois-Rivières, G9B 1L7
www.coconuthotelmotel.com
819 377-1344 **$**

Le Village Windigo

Le Village Windigo est situé à trois heures de Montréal, caché dans une forêt touffue de bouleaux, sapins et épinettes, au bord du réservoir Baskatong. Les chalets et condos de bois sont hyper confortables, mais le grand luxe, c'est surtout le calme total et tellement reposant des lieux.

548, chemin du Windigo, Ferme-Neuve J0W 1C0
www.lewindigo.com
819 587-3000 **$$$**

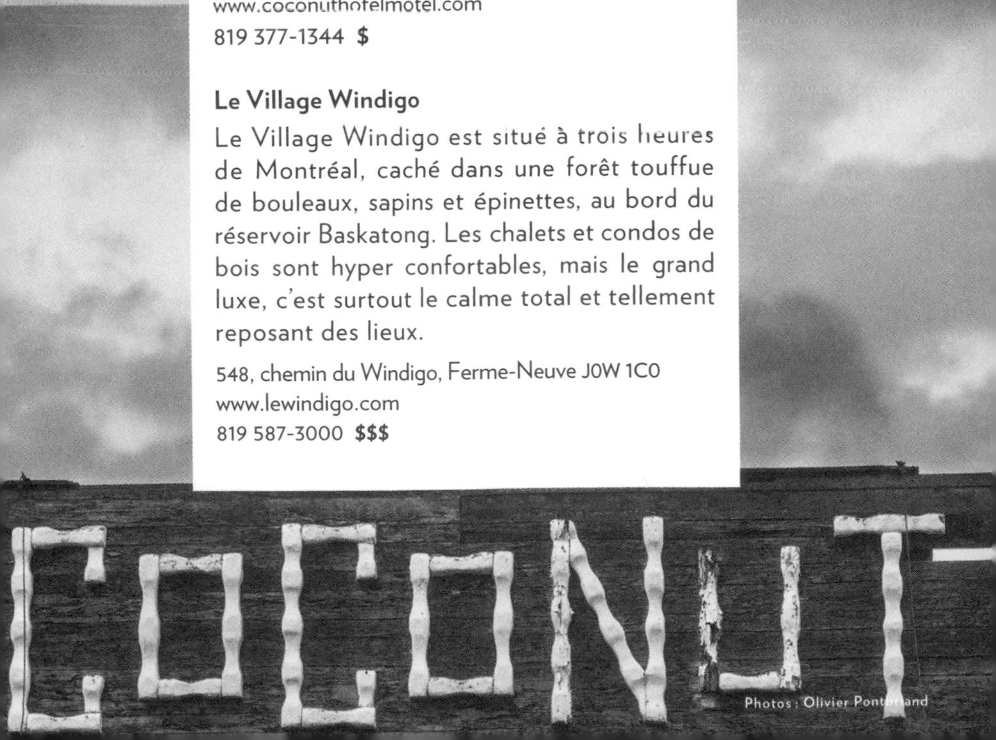

Photos : Olivier Ponthtiand

ESTÉREL

Violaine Ballivy

Fridolin Simard aurait bien du mal à reconnaître le lotissement qu'il a mis en valeur sur les rives du lac Dupuis, dans les Laurentides, à la fin des années 50.

L'Estérel, le plus vieux centre de villégiature du Québec, s'est offert une cure de jouvence en profondeur. Dans la première phase des travaux, terminée en 2010, le bâtiment principal a été entièrement remodelé. On a ajouté un étage, et les 120 chambres autrefois réparties sur 4 étages n'en forment plus que 95 sur 5 étages. Elles sont donc deux fois plus spacieuses que les anciennes – et sensiblement plus que les chambres standards généralement proposées ailleurs.

Puis, il y a eu l'ouverture d'une toute nouvelle aile. Il n'y a donc plus un, mais deux hôtels dans le complexe l'Estérel.

D'un côté comme de l'autre, le mot d'ordre est le même : cocooning. Chaque unité de base possède un coin lecture et un foyer au gaz central, dont on peut autant profiter étendu dans son lit que confortablement assis sur le sofa du boudoir. Les concepteurs ont bien compris la principale qualité de l'Estérel : son emplacement exceptionnel.

Tous les clients ont accès au spa nordique et à ses piscines chauffées au bord du lac Dupuis.

39, boulevard Fridolin-Simard, Estérel, J0T 1E0
www.esterel.com
450 228-2571 **$$-$$$**

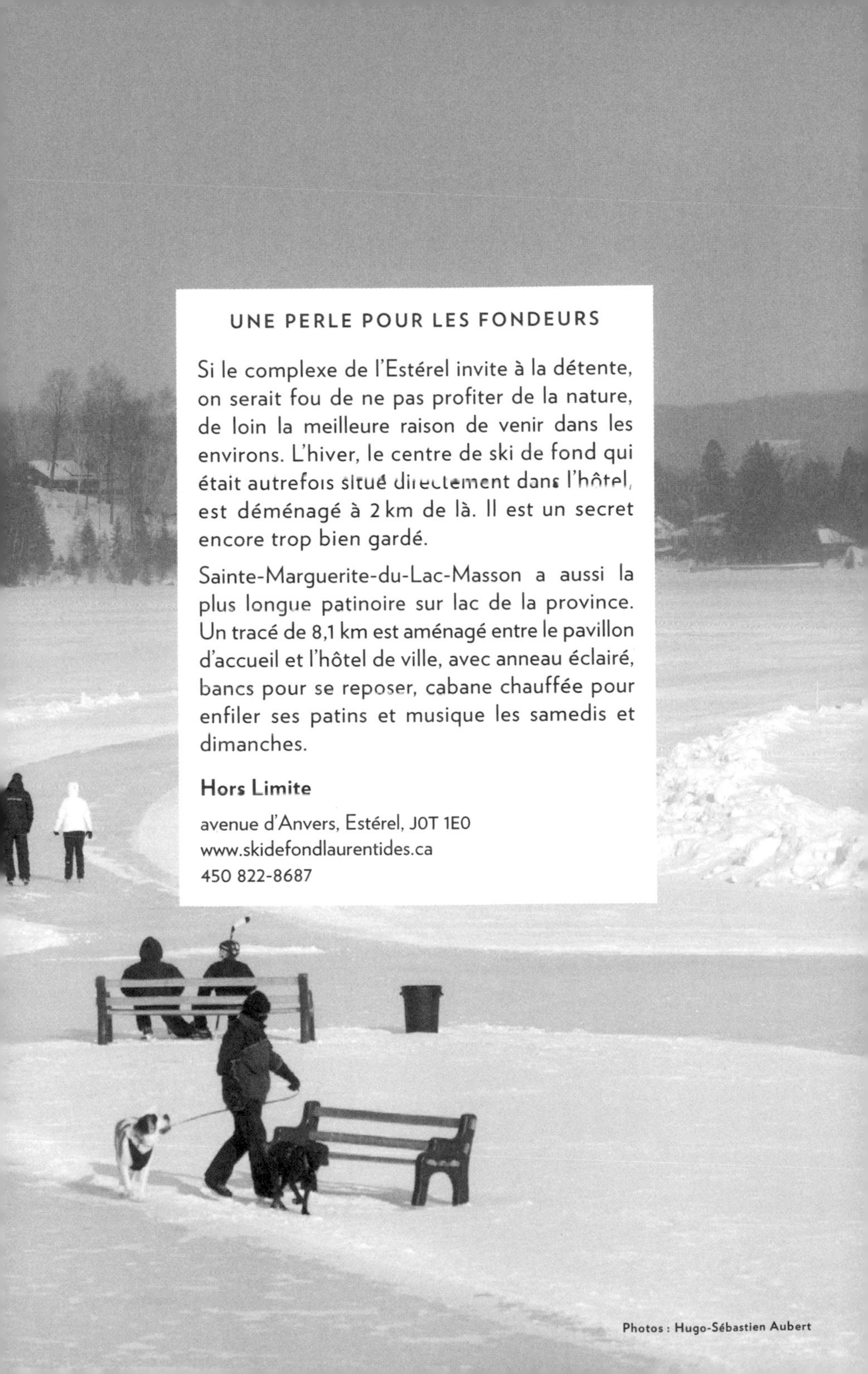

UNE PERLE POUR LES FONDEURS

Si le complexe de l'Estérel invite à la détente, on serait fou de ne pas profiter de la nature, de loin la meilleure raison de venir dans les environs. L'hiver, le centre de ski de fond qui était autrefois situé directement dans l'hôtel, est déménagé à 2 km de là. Il est un secret encore trop bien gardé.

Sainte-Marguerite-du-Lac-Masson a aussi la plus longue patinoire sur lac de la province. Un tracé de 8,1 km est aménagé entre le pavillon d'accueil et l'hôtel de ville, avec anneau éclairé, bancs pour se reposer, cabane chauffée pour enfiler ses patins et musique les samedis et dimanches.

Hors Limite

avenue d'Anvers, Estérel, J0T 1E0
www.skidefondlaurentides.ca
450 822-8687

Photos : Hugo-Sébastien Aubert

OÙ MANGER ? 🍴

Coopérative O'Marguerites

Salade de betteraves et pousses de tournesol, café équitable au lait d'amandes bio, quesadillas maison, sandwichs au végépâté. Ici, on mise sur le biologique, les aliments locaux, les plats santé servis dans une agréable verrière. Mené par un groupe de six femmes désireuses de s'impliquer dans leur communauté, le bistro vend aussi une foule d'articles écoresponsables pour la maison, des produits naturels et les très bons pains de la boulangerie La Vagabonde, de Val-David.

12, chemin de Sainte-Marguerite
Sainte-Marguerite-du-Lac-Masson,
J0T 1L0
www.cafeomarguerites.com
450 228-4888 $

Au Bistro à Champlain

On y va pour la cave à vin mythique qui permet de déguster un grand cru servi dans une salle à manger-galerie, où sont exposées les œuvres de Riopelle, notamment, qui était un grand ami de Champlain Charest, le proprio. Et on prend un taxi pour retourner à l'Estérel...

75, chemin Masson
Sainte-Marguerite-du-Lac-Masson,
J0T 1L0
www.bistroachamplain.com
450 228-4988 $$$

Photos : David Boily

Violaine Ballivy

L'Islet

À quelques minutes de Saint-Jean-Port-Joli, la région de L'Islet-sur-mer, bourgade fondée en 1677, fera une escale de choix sur la route vers la Gaspésie. Hors du temps et de toute source de stress. Surtout si quelques moussaillons vous accompagnent...

Café La Salicorne

La Salicorne est sans contredit le restaurant le plus sympathique où casser la croûte et prendre l'apéro à la tombée de la nuit, le Saint-Laurent en toile de fond. Surtout si on a la chance d'obtenir une place sur la jolie galerie de bois. La cuisine donne dans les saveurs du monde, avec des épices de qualité qui relèvent un menu assez simple.

16, chemin des Pionniers Ouest, L'Islet, G0R 2B0
www.lasalicornecafe.ca
418 247-1244 **$$**

Auberge des Glacis

Dur de trouver plus paisible endroit où se poser pour la nuit que cette charmante Auberge des Glacis, nichée au bord de la rivière Tortue, tout au fond d'un joli rang de campagne : les urbains pourraient avoir du mal à dormir parce qu'il n'y a pas assez de bruit... Les chambres du bâtiment principal, un moulin à laine du milieu du XIXᵉ siècle, ont un style champêtre et souvent un joli mur de pierre. Les propriétaires ont aménagé 2 km de sentiers sur leur terrain. Accueil chaleureux.

46, route de la Tortue, L'Islet, G0R 1X0
www.aubergedesglacis.com
418 247-7486 **$-$$**

Cidrerie La pomme du Saint-Laurent

Région agricole, les environs de L'Islet sont émaillés de producteurs intéressants : c'est entre autres ici que l'on retrouve la première femme cidricultrice, Suzanne Gagné, qui s'est lancée dans la transformation des pommes en alcool il y a une douzaine d'années. L'autocueillette est possible à l'automne et une boutique permet d'acheter, été comme hiver, ses cidres à la canneberge, classiques ou de glace.

503, chemin Bellevue Ouest
Cap-Saint-Ignace, G0R 1H0
www.lapommedustlaurent.ca
418 246-5957

Potagers Brie

L'été, faites-y un arrêt pour récolter petits fruits et légumes frais.

443, chemin des Érables Est,
Cap-Saint-Ignace, G0R 1H0
www.lespotagersbrie.com
418 246-3558

Musée maritime du Québec

Petits mousses et grands pirates seront ravis de s'arrêter ici, même s'ils frémissent d'ordinaire devant le terrible mot : musée. Pas d'expositions poussiéreuses, le musée a tout ce qu'il faut pour captiver les amateurs de bateaux et de récits de grands explorateurs des mers comme J. E. Bernier, ce Québécois qui a mené 12 expéditions dans l'Arctique de 1906 à 1925. Mention spéciale aux deux navires à visiter dans le jardin.

55, chemin des Pionniers Est,
L'Islet, G0R 2B0
www.mmq.qc.ca
418 247-5001

Maison Guyon

La maison Guyon est un cas d'espèce : construite en 1681, elle est demeurée depuis plus de 330 ans dans la même famille, et ses habitants d'aujourd'hui sont les descendants du premier propriétaire, François Guyon! Mais depuis huit ans, les visiteurs ont une nouvelle raison de s'y arrêter. Le rez-de-chaussée de la demeure est devenu boutique de métiers d'arts où les mains habiles du village exposent leurs dernières créations : livres en cuir, écharpes et mitaines tricotées, bijoux de verre. Notre coup de cœur : les tissages de Louise Pelletier, dont les serviettes, nappes et torchons de lin et de coton ne feraient pas mauvaise figure dans une chic boutique d'articles de cuisine de l'avenue Laurier à Montréal.

176, chemin des Pionniers Est,
L'Islet, G0R 2B0
www.maisonguyon.com

AUBERGE DES GLACIS

Photos : Edouard Plante-Fréchette

Photo : Bernard Brault

QUÉBEC LA JEUNE

Les touristes qui débarquent à Québec la première fois, ou le temps d'une brève escale, se ruent dans le charmant Petit-Champlain, visitent quelques boutiques de souvenirs et prennent une crêpe et un pot de chocolat chaud au Cochon dingue. C'est bien, mais ce n'est pas tout. La capitale se savoure aussi dans ses autres quartiers, où les meilleures adresses ont trouvé refuge. Depuis quelques années, les petits entrepreneurs audacieux qui y ont pignon sur rue ont donné à Québec un sérieux coup de jeune. Allez, sortez donc des circuits touristiques – il y a là de bons moments à passer.

DU CÔTÉ DE LIMOILOU...
Violaine Ballivy

Ce n'est plus un secret pour les résidants de Québec : ça bouge dans le Vieux-Limoilou.

Portées par l'afflux de jeunes familles venues se réinstaller dans ce quartier de jolies maisons de brique, les ouvertures de boutiques, restos, cafés sympas se multiplient sur la 3e Avenue, faisant de ce secteur autrefois déprimé l'un des plus agréables où se balader tranquillement, un dimanche après-midi...

Soupe et cie

Le metteur en scène Robert Lepage aime assez l'endroit pour y célébrer son anniversaire et, franchement, on comprend tout de suite pourquoi en poussant la porte, le midi. Le lieu, d'abord, a de quoi séduire avec ses tables en bois laqué, sa grande banquette surchargée de coussins qui invite aux rapprochements, les louches qui servent de porte-manteaux et les panaches d'orignaux et de cerfs sur mur de briques. Puis le menu qui propose un intéressant tour du monde liquide, entre la soupe japonaise au tofu, champignons et fèves *edamame* et la « Provençale », une bouillabaisse riche en poissons et fenouil.

522, 3e Avenue, Québec, G1L 2W3
www.soupecie.com
418 948-8996 **$**

Ateliers du Trois cinquième

Les Ateliers du Trois cinquième doivent leur nom à leur situation géographique, presque à l'angle de la 3e Avenue et de la 5e Rue, mais leurs fondatrices ne font pas dans la demi-mesure. Amélie Proulx et Véronique Martel ont fait de ce vaste local un rare lieu d'exposition et de création où s'exprime désormais un groupe de huit céramistes de la relève. On aime cet accès privilégié aux artistes, que l'on peut voir à l'œuvre dès le pas de la porte, penchés sur leur tour, une motte de glaise entre les mains.

320, 5e Rue, Québec, G1L 2R9
581 307-5598

Hosaka-Ya-Sushi

Ici, on a droit à une vraie cuisine familiale nippone. Plats de poissons ou de légumes marinés, omelette et prune *umeboshi*, poulet frit japonais. Le service est des plus attentionnés, la facture abordable, le décor minimaliste.

491, 3e Avenue, Québec, G1L 2W2
www.hosaka-ya.com
418 529-9993 **$$**

Loukoum Cupcake

Chez Loukoum, les créations sont originales. La liste des spécialités inclut une recette au coing, ce fruit pourtant si peu utilisé au Québec, mais ne boude pas les meilleurs ingrédients d'ici, en fait foi ce « Belle de l'île », aromatisé à la liqueur de cassis de l'île d'Orléans.

523, 3e Avenue, Québec, G1K 1W6
www.loukoum-cupcake.com
418 977-0797

La Fournée bio

Voilà une vraie boulangerie artisanale comme il en faut dans tout bon quartier et dont l'extraordinaire variété de pains se décline exclusivement en farines bio. Les choix vont du plus santé avec millet et quinoa au plus coquin, avec des brioches aux trois chocolats ou à la fleur d'oranger, aux abricots et aux noisettes.

Si vous désirez encore plus de sucre, passez plutôt à la chocolaterie juste en face, Pure Passion chocolatée, qui appartient aux mêmes propriétaires.

1296, 3e Avenue, Québec, G1L 2X7
418 522-4441

Parc de la rivière Saint-Charles

S'étirant sur 32 km, le parc de la rivière Saint-Charles n'est pas l'apanage que du quartier Limoilou. Magnifique espace vert qui a bénéficié d'une cure de beauté aussi méritée que réussie au cours des dernières années, l'endroit est idéal pour se promener, été comme hiver, en poussette comme en joggant, sur des kilomètres, sans jamais être importuné par le trafic automobile. Vers l'est, la piste se rend presque jusqu'au marché du Vieux-Port, puis dans le Vieux-Québec.

DU CÔTÉ DE SAINT-SAUVEUR...

Marie-Eve Morasse

Taverne Jos Dion

Comment ne pas se sentir accueilli quand le serveur vient prendre notre commande en s'assoyant pour piquer un brin de jasette? Dans ce lieu d'habitués, on ne se sent pas intrus bien longtemps. Présent dans le quartier depuis 1933, le bar connaît un nouveau souffle avec une clientèle de jeunes qui découvrent l'endroit. La taverne Jos Dion a beau avoir adapté ses produits à ces nouveaux venus, elle n'a pas perdu son âme en faisant une place aux bières de microbrasseries. La grosse bière s'y vend encore et personne n'a eu l'idée d'ajouter «hyper» devant la taverne. Le castor et le chevreuil empaillés ne sont pas un effet de mode, pas plus que l'autel improvisé au-dessus de la porte d'entrée pour rendre hommage à un fidèle client mort récemment. Vous ne vous y tromperez pas, l'ambiance est authentique.

65, rue Saint-Joseph Ouest, Québec, G1K 1W8
418 525-0710 $

Patente et Machin

Forts du succès de l'Affaire est ketchup, leur restaurant situé dans le quartier Saint-Roch, les jeunes propriétaires ont ouvert à quelques pas de là Patente et Machin. Dans un local où l'on s'attablait avant pour des déjeuners classiques, on peut aujourd'hui fort bien manger et boire des vins à prix abordables. La carte change souvent. L'ambiance est sympathique et le service, efficace.

82, rue Saint-Joseph Ouest, Québec, G1K 1W1
581 981-3999 $$

Cœur de Loup

Diplômée en design de mode, Nathalie Jourdain a commencé à faire ses propres créations par plaisir. Devant la demande venue d'abord de ses amies, elle a lancé sa propre griffe en 2010. Elle travaille seule dans son petit atelier où chaque pièce est produite à la main. Ses clientes sont fidèles et la designer le leur rend bien, en faisant des coupes sur mesure pour celles qui le demandent. On apprécie qu'une designer ait compris que la « taille unique » ne fait pas à toutes ! On se procure ses créations qui s'inspirent des années 50 en se rendant à son atelier (sur rendez-vous) ou à la boutique Jupon Pressé au 790, rue Saint-Jean.

609 ½, avenue des Oblats,
Québec, G1N 1W1
418 997-7869

Le Bouchon du Pied Bleu

À la charcuterie Le Pied Bleu, on transforme chaque semaine un porcelet en boudin, terrines et saucissons. Juste à côté de la boucherie, les deux proprios ont ouvert un bouchon lyonnais. En soirée, andouillette, foie de porcelet et tripes sont au menu, mais le poisson est également présent sur les tables, tout comme les salades. La fin de semaine, on peut s'y rendre pour bruncher. L'assiette de l'ouvrier vous soutiendra pendant de longues heures. Allez-y avec les enfants, ils raffoleront des saucisses et du bacon. Les propriétaires sont plus qu'accommodants pour les familles.

181, rue Saint-Vallier Ouest,
Québec, G1K 1J9
www.piedbleu.com
418 914-3554 **$$-$$$**

OÙ DORMIR À QUÉBEC ☾

Québec était la ville des hôtels boutiques, bien avant que ce terme soit repris à gauche et à droite et ne veuille plus dire grand-chose.

Ici, il y a de véritables hôtels indépendants ou membre d'un petit groupe dont le souci du détail fait la différence lors d'un séjour à l'extérieur de la maison. Des endroits qui donnent envie d'étirer un peu le voyage.

Auberge Saint-Antoine

C'est l'établissement grand luxe à Québec. Très chic, sans être prétentieux du tout. Bardé de prix, tant pour son restaurant Le Panache que pour la qualité de son hébergement. Il fait bon y prendre l'apéro, devant le foyer. À savoir : dans la Maison Hunt, qui jouxte le bâtiment principal, six suites historiques ont été aménagées pour les visiteurs qui veulent une totale expérience Nouvelle-France. Le grand confort. Service exceptionnel.

8, rue Saint-Antoine,
Québec, G1K 4C9
www.saint-antoine.com
1 888 692-2211 **$$$**

MAISON HUNT, AUBERGE SAINT-ANTOINE

Photo : Bernard Brault

Le Dominion

Aussi situé dans le quartier du Vieux-Port, le Dominion appartient au groupe québécois Germain, synonyme de confort et de bon goût. Déco simple, contemporaine, mais qui laisse une place à l'histoire des lieux. Très bon choix.

126, rue Saint-Pierre,
Québec, G1K 4A8
www.germaindominion.com
418 692-2224 **$$$**

Hôtel Pur

Situé dans le quartier Saint-Roch. Les chambres, épurées il va sans dire, ne sont pas particulièrement spacieuses, mais fort bien aménagées avec d'immenses baies vitrées offrant des vues entièrement dégagées sur la ville, dont, côté est, la très belle église Saint-Roch et son parvis qui ne manque jamais d'action. On a adoré la méridienne installée judicieusement devant la fenêtre, pour se détendre après une journée de vagabondage.

395, rue de la Couronne,
Québec, G1K 7X4
www.hotelpur.com
418 647-2611 **$$**

Le Bonne Entente

Adresse parfaite pour les familles qui veulent s'offrir un hébergement luxueux, mais qui souhaitent néanmoins que les enfants soient bien accueillis. On a aimé le décor chaleureux et l'excellent restaurant. Pas besoin d'aller ailleurs pour bien manger. Heureusement, car comme l'hôtel est situé à Sainte-Foy, il faut prendre sa voiture tout le temps, à moins d'opter pour le service de navette qui se rend dans le Vieux-Québec. Par contre, il y a de quoi se divertir sur place, à commencer par l'agréable piscine chauffée extérieure. Elle fonctionne toute l'année, mais l'été, il y règne carrément une ambiance Club Med, avec le sympathique Napa Grill.

3400, chemin Sainte-Foy,
Québec, G1X 1S6
www.chateaubonneentente.com
418 653-5221 **$$-$$$**

OÙ MANGER À QUÉBEC

Québec est vraiment un endroit parfait pour faire un formidable *trip* gastronomique.

Avec des adresses en tous genres, partout dans la ville.

Le Clocher penché

Pour les brunchs, il faut aller au café du Clocher penché, dans le quartier Saint-Roch. Et choisir leur plat de boudin, qui est par ailleurs fort bon à tout moment de la journée.

203, rue Saint-Joseph Est,
Québec, G1K 3D1
www.clocherpenche.ca
418 640-0597 **$$**

Canard goulu

Si vous êtes très viande, vous pouvez opter pour le Canard goulu, sur l'avenue Maguire. Les propriétaires de l'endroit élèvent leurs canards dans une petite ferme de Saint-Apolinaire, sur la rive-sud de Québec. Petite épicerie au rez-de-chaussée où l'on trouve un comptoir offrant du canard sous différentes formes : magret fumé, terrine aux canneberges, gésier confit...

1281, avenue Maguire,
Québec, G1T 1Z2
www.canardgoulu.com
418 687-5116 **$$**

Chic Shack

Si vous êtes plutôt dans le Vieux-Québec, à l'ombre du Château Frontenac le Chic Shack prépare ses burgers avec du bœuf nourri au pâturage et du pain brioché. Essayez le soda maison à l'orange sanguine et les frites au sel de truffe et au parmesan.

15, rue du Fort, Québec, G1R 3Z8
www.chicshack.ca
418 692-1485 **$**

Photos : Bernard Brault

Érico

Pour un vrai chocolat chaud, il faut faire un saut rue Saint-Jean, chez Érico, chocolaterie créative qui offre une dizaine de boissons chaudes à base de cacao.

634, rue Saint-Jean, Québec, G1R 1P8
www.ericochocolatier.com
418 524-2122 **$**

DEUX MICROBRASSERIES

Finalement, si vous désirez assouvir une grande soif d'une petite bière, deux formidables options s'offrent à vous : La Korrigane, rue Dorchester, et sa terrasse reposante ou La Barberie, l'une des plus agréables microbrasseries du Québec. Une coopérative de travail dont on retrouve les bières en bouteille un peu partout au Québec, mais qui réserve des spécialités de saison aux voyageurs qui s'attablent au bar du quartier Saint-Roch.

Brasserie La Korrigane
380, rue Dorchester,
Québec, G1K 6A7
www.korrigane.ca
418 614-0932 **$-$$**

La Barberie
310, rue Saint-Roch,
Québec, G1K 6S2
www.labarberie.com
418 522-4373 **$**

QUATRE CHOIX, QUATRE CHEFS

Pour une grande soirée, alors là, c'est l'embarras du choix. Littéralement.

JEAN-LUC BOULAY

On aime beaucoup le grand chef Jean-Luc Boulay et ses restaurants. Le classique, le Saint-Amour dans le Vieux-Québec : nappes blanches, foie gras, truffes, grands crus. Impeccable.

Mais pour pousser plus loin l'expérience de la nordicité, il faut opter pour son bistro boréal, Chez Boulay, où il s'est associé au jeune Arnaud Marchand. Leur menu gastronomique inclut thé du labrador, fleurs de sureau, sirop de bouleau, wapiti, omble de l'Arctique... Une expérience de découverte gastronomique unique.

Le Saint-Amour
48, rue Sainte-Ursule,
Québec, G1R 4E2
www.saint-amour.com
418 694-0667 **$$$**

Chez Boulay, bistro boréal
1110, rue Saint-Jean,
Québec, G1R 1S4
www.chezboulay.com
418 380-8166 **$$-$$$**

CHEZ BOULAY, BISTRO BORÉAL

DANIEL VÉZINA

Le Laurie Raphaël de la superstar Daniel Vézina, maintenant dans le Vieux-Québec. Une valeur sûre. Produits impeccables, parfois surprenants. Toujours bon. Chic et classique. On adore.

Laurie Raphaël
117, rue Dalhousie,
Québec, G1K 9C8
www.laurieraphael.com
418 692-4555 **$$$**

YVAN LEBRUN

L'Initiale, grande cuisine de saison du chef Yvan Lebrun. Restaurant membre de Relais & Châteaux. Donc on y va en connaissance de cause : cuisine minutieuse, endroit chic et re-chic.

L'Initiale
54, rue Saint-Pierre,
Québec, G1K 4A1
www.restaurantinitiale.com
418 694-1818 **$$$**

GUILLAUME SAINT-PIERRE

La Planque, resto inventif du jeune Guillaume Saint-Pierre dans Limoilou. Ingrédients choisis, cuisine simple, délicieuse, atmosphère détendue.

La Planque
1027, 3ᵉ Avenue, Québec, G1L 2X3
www.laplanquerestaurant.com
418 914-8780 **$$-$$$**

LE CARNAVAL, DEUX FAÇONS

Stéphanie Morin

EN FAMILLE

Elle est bien terminée, l'époque où le Carnaval de Québec traînait une réputation sulfureuse de grande beuverie à ciel ouvert. Si, pour certains, la fête est encore parfois bien arrosée, les familles sont réellement au cœur des festivités carnavalesques. Activités, animations, séances de photos avec Bonhomme : pendant la journée, les petits carnavaleux sont choyés.

QUOI FAIRE ?

Aller glisser

Il en faut, de l'eau et du froid, pour construire les deux couloirs de la glissade de glace ! On les dévale sur 120 mètres dans des traîneaux de plastique en se faisant secouer de tout bord tout côté. Avertissement : par grand froid, la vitesse grimpe drôlement... Le soir, les glissades sont illuminées de centaines de petites lumières blanches, qui donnent au décor un aspect féerique. Sans conteste l'une des activités chouchous du Carnaval. Autre coup de cœur des plus petits : les glissades sur tube.

Assister aux défilés

Les défilés de nuit sont présentés les samedis de festival. À voir : une quinzaine de chars illuminés, des animateurs de rue, des fanfares, des danseurs, les duchesses. Et comme clou du spectacle, l'incontournable Bonhomme, monté sur un char inspiré des grandes premières hollywoodiennes.

Réveiller l'artiste qui dort en soi

Outre le palais de Bonhomme, les éléments les plus impressionnants du lieu restent les sculptures de neige. La compétition réunit plusieurs artistes internationaux. Le public est invité à aller les voir à l'œuvre et les artistes en herbe peuvent aussi mettre la main à la neige : de petits blocs ont été taillés spécialement pour qu'ils puissent s'initier à l'art de la sculpture hivernale. Et certains se révèlent très doués...

Se sucrer le bec

La cabane à sucre de la famille Godin, avec sa tire d'érable sur la neige, est toujours un arrêt obligé pour les becs sucrés. Pour les autres, la cabane à soupe des restaurants Normandin sert de la soupe aux légumes, aux pois ou au poulet dans des verres de carton. Une bonne façon de se réchauffer ou d'apaiser les estomacs affamés.

À DEUX

Après avoir terminé (et réussi) son virage familial, le Carnaval a entrepris d'ajouter un volet nocturne plus étoffé à sa programmation, dont des soirées DJ. Une initiative qui semble réjouir les carnavaleux sans enfant, mais aussi les couples en congé de parentalité.

QUOI FAIRE ?

Patiner, le fleuve aux pieds

Tout juste à l'extérieur de l'emplacement du Carnaval, un anneau de glace long de 420 mètres a été aménagé. Difficile d'imaginer plus bel endroit pour poser ses lames. La patinoire domine le fleuve. On peut aussi y admirer la rive enneigée de Lévis. Et la patinoire est juste assez loin des festivités du Carnaval pour faire oublier la foule.

Boire son caribou glacé

Boisson emblématique du Carnaval, le caribou est concocté à partir de vodka, de brandy, de sherry et de porto canadien. Sur place, on en sert dans un verre taillé à même un bloc de glace. On peut ensuite s'installer sur la terrasse, près du brasero, pour déguster cette boisson hautement alcoolisée – ou l'avaler d'un trait, au choix.

Se promener en carriole

Qui dit romantisme dans le Vieux-Québec dit tour de carriole. Pas besoin toutefois de dépenser une fortune, à condition d'être prêt à sacrifier son intimité. Pendant le Carnaval, de courtes balades en carriole sont offertes directement sur les plaines d'Abraham, dans des traîneaux à six passagers accrochés à la queue leu leu. Blotti les jambes au chaud sous une couverture, on longe tranquillement l'avenue Wilfrid-Laurier avant de bifurquer vers le fleuve.

Photos : Bernard Brault

POUR SORTIR
DE LA VILLE

Le marais du Nord

À moins de 20 minutes du centre-ville de Québec, on trouvera difficilement un endroit plus tranquille et relaxant que le marais du Nord pour une promenade en famille.

La qualité de la faune et de la flore qu'on y trouve aujourd'hui n'échappe pas au plus néophyte des randonneurs, qui aura tôt fait de croiser au détour d'un sentier un grand héron, des geais bleus dodus ou un canard malard que des gamins s'amusent à essayer d'attraper. Les ornithologues en ont fait un lieu de prédilection : le marais abriterait pas moins de 159 espèces d'oiseaux différentes, en plus de 33 espèces de mammifères, une dizaine de reptiles et d'amphibiens.

Le parc est ouvert à l'année, et l'on y suivra avec plaisir le passage des saisons. L'automne, les herbes folles sont d'or et la lumière du soleil est chaude. On entend en trame de fond des vols d'outardes en pleine migration. L'hiver, on pourra chausser ses raquettes après une bonne tempête de neige, mais les sentiers seront vite assez tapés pour s'y promener simplement avec une paire de bonnes bottes.

Dès le printemps et surtout à l'été, un nouveau défi s'offre aux visiteurs. Ils peuvent louer un canot ou un kayak sur place, remonter la rivière des Hurons ou traverser les bassins du lac Saint-Charles pour descendre ensuite la rivière.

VIOLAINE BALLIVY

1100, chemin de la Grande-Ligne,
Stoneham-et-Tewkesbury, G3C 0Y3
www.apel-maraisdunord.org/marais-du-nord
418 841-4629

Photo : Olivier Pontbriand

LA CÔTE-DE-BEAUPRÉ

Beaucoup de voyageurs traversent la Côte-de-Beaupré sans même y jeter un œil, trop pressés de rejoindre Charlevoix depuis Québec. Vrai que le boulevard Sainte-Anne est loin d'être joli, véritable balafre dans le paysage, avec ses garages, ses motels abandonnés et ses bâtiments décrépit qui cachent la vue sur le fleuve. Pour apprécier la Côte-de-Beaupré et découvrir cette terre habitée par les premiers colons dès 1626, il faut emprunter l'avenue Royale, un peu plus haut dans les terres. Maisons centenaires, églises charmantes, caveaux à légumes et croix de chemin ponctuent le décor, sur cette route de la Nouvelle-France.

AU PRINTEMPS

Stéphanie Morin

De part et d'autre de cette région, plusieurs activités de plein air permettent de terminer l'hiver en beauté. Ou d'accueillir le printemps de belle façon.

Balade panoramique au parc de la Chute-Montmorency

C'est au printemps, pendant la fonte des neiges, que la chute Montmorency gronde avec le plus de fracas. En avril, au plus gros des crues printanières, lorsque la rivière Montmorency gonfle presque jusqu'à déborder, le débit de la chute atteint aisément 125 000 litres par seconde. Le bruit de l'eau qui se fracasse sur les rochers après une chute de 83 mètres est assourdissant. Même juché sur le belvédère à flanc de falaise, impossible de ne pas se faire éclabousser (un peu !) par ce torrent.

La passerelle qui enjambe la chute est un nichoir parfait pour admirer le spectacle des glaces qui flottent sur le Saint-Laurent, avec l'île d'Orléans en toile de fond. Le téléphérique offre aussi une vue imprenable sur la chute et le fleuve.

2490, avenue Royale, Québec
(Beauport), G1C 1S1
www.sepaq.com/ct/pcm
418 663-3330

Photos : Olivier Pontbriand

Ski au Mont Sainte-Anne

La station de ski alpin célèbre l'arrivée du printemps avec des festivités tous les week-ends.

Pendant que les skieurs dévalent les pentes dans une neige transformée en gros sel, plusieurs spectacles et activités spéciales sont proposés au pied de la montagne – et au milieu des pistes. En effet, une cabane à sucre installée sur la piste Pichard offre de la tire sur la neige, qu'on peut déguster au soleil, sur des bancs de bois. Constat : une fois les mitaines bien collées, les bâtons tiennent mieux dans les mains !

Pour ajouter à l'énergie toute printanière de la station, des spas extérieurs sont ouverts gratuitement au public les week-ends de ski de printemps.

2000, boulevard du Beau-Pré,
Beaupré, G0A 1E0
www.mont-sainte-anne.com
1 888 827-4579

Ornithologie au cap Tourmente

À la fin du mois d'avril, les oies des neiges commencent à arriver du sud pour venir se nourrir dans les marais de la Réserve nationale de faune du cap Tourmente. Si les oies sont les grandes vedettes du parc – certaines journées de mai, on peut en voir près de 50 000 dans les battures –, 325 autres espèces d'oiseaux passent par la réserve. Au printemps, on peut régulièrement en voir une centaine en une seule journée. Parmi elles, plusieurs sauvagines, dont le canard branchu, spectaculaire à cette période de l'année, puisque les mâles arborent leur plumage nuptial coloré pour faire la cour aux femelles. Les parulines viennent aussi en grand nombre. Et comme la séduction passe aussi par le chant, le concert est toujours impressionnant.

Autre espèce qui attire toutes les lunettes d'approche : le couple de faucons pèlerins qui niche sur la falaise. On peut facilement observer les adultes et leurs fauconneaux depuis la terrasse d'observation du sentier l'Allée d'ormes.

Tous les week-ends, des guides-naturalistes proposent des activités d'interprétation dont le thème varie au gré des semaines.

**Réserve nationale de faune
du Cap Tourmente**
www.captourmente.com
www.ec.gc.ca
418 827-4591

NI VU NI CORNU :
GALERIE D'ART
LUDIQUE

Installée à l'ombre du clocher de la basilique, dans l'ancien hôtel Saint-Louis, repeint récemment en rouge pompier et blanc, cette galerie d'art ludique et dynamique expose le travail d'une trentaine d'artistes et d'artisans québécois : sculpture et peinture, bien sûr, mais aussi photographie, bijoux ou horloges de bois peintes. Plusieurs événements de création en direct sont présentés au cours de l'année.
STÉPHANIE MORIN

10 005, avenue Royale,
Sainte-Anne-de-Beaupré, G0A 3C0
www.nivunicornu.com
418 702-1779

EN ÉTÉ

Marie-Eve Morasse

Mont Sainte-Anne

L'été, les pistes de ski se découpent dans la forêt, et c'est en les suivant que les grimpeurs peuvent accéder au sommet de la montagne, pour admirer le fleuve, l'île d'Orléans et les montagnes environnantes.

L'ascension de la montagne est toutefois assez sportive, et même le sentier Pichard, classé facile, requiert un cœur en forme et des jambes solides.

Une dose de sang-froid ne nuira peut-être pas non plus, puisqu'un bébé ours qui flânait dans les pistes a été aperçu lors de notre visite. Il a battu en retraite dans les bois, mais on espérait que sa mère ne soit pas trop près !

Ceux qui veulent éviter les courbatures et les rencontres impromptues peuvent toujours se rabattre sur les télécabines rouge vif qui se rendent tout en haut de la montagne. Vous débourserez alors trois fois plus d'argent que si vous faites le chemin à pied, mais vous arriverez au sommet frais et dispos.

2000, boulevard du Beau-Pré,
Beaupré, G0A 1E0
www.mont-sainte-anne.com
1 888 827-4579

Canyon Sainte-Anne

Près du guichet du canyon Sainte-Anne, un homme regarde les visiteurs entrer et sortir. C'est Laurent McNicoll qui, à 80 ans passés, se rend encore quotidiennement au site qu'il a contribué à faire connaître avec son frère Jean-Marie.

« Un jour mon frère m'a dit : « J'ai trouvé une merveille, viens voir ça », relate l'homme. Cette merveille, c'étaient les chutes de la rivière Sainte-Anne-du-Nord, auxquelles on accédait à l'époque en marchant dans le bois. Les deux frères ont entrepris de faciliter l'accès à l'endroit, que l'on connaît aujourd'hui sous le nom de canyon Sainte-Anne.

La chute, avec ses 74 mètres, est plus haute que celles du Niagara.

Accessible en partie aux poussettes et aux fauteuils roulants, le site prend environ une heure à visiter, si on ne se prend pas à rêvasser devant le paysage. Trois ponts enjambent la rivière, dont le plus impressionnant, le pont suspendu McNicoll, construit en 1979.

Ceux qui aiment les sensations fortes peuvent traverser la rivière en empruntant une tyrolienne.

206, route 138 Est,
Beaupré, G0A 1E0
www.canyonsa.qc.ca
418 827-4057

Les Sept-Chutes

En empruntant un long chemin de terre, on arrive au parc des Sept-Chutes, à Saint-Ferréol-les-Neiges, à environ 10 minutes du mont Sainte-Anne. On y va pour se balader dans les sentiers pédestres et admirer le bouillonnement des chutes, mais également pour goûter un brin d'histoire en visitant la plus vieille centrale hydroélectrique encore en fonction au Québec, au pied des chutes. On y accède en descendant un long escalier. Au pied, un guide revisite l'histoire de cette belle centrale construite de 1912 à 1915, avec des moyens modestes.

Ne manquez pas de visiter le barrage, tout en haut du chemin (en voiture ou en empruntant les sentiers pédestres). D'en haut, la vue sur les montagnes est fabuleuse, et vous pourrez peut-être y voir des oiseaux-mouches, des canards ou, si vous êtes chanceux, un orignal !

4520, avenue Royale,
Saint-Ferréol-les-Neiges,
G0A 3R0
www.septchutes.com
1 877 724-8837

OÙ DORMIR ? ☾

Auberge Baker

Une auberge au charme vieillot, logée dans une maison presque deux fois centenaire, qui cache de belles chambres sous les combles. Murs de pierre ou de bois, poutrelles au plafond et antiquités.

8790, avenue Royale,
Château-Richer, G0A 1N0
www.auberge-baker.com
418 824-4478 **$-$$**

Maisonnettes sur le Cap

Situées juste en face de l'entrée du canyon Sainte-Anne, les Maisonnettes sur le Cap offrent un hébergement de type chalet tout ce qu'il y a de plus coquet. Les sept unités, qui comprennent une ou deux chambres, sont d'une propreté impeccable et sont équipées de tout ce qu'il faut pour cuisiner. Pendant la belle saison, un barbecue est mis à la disposition des visiteurs, de même qu'une aire pour faire des feux de camp. Parfait pour les familles !

201, route 138,
Saint-Joachim, G0A 1E0
www.maisonnettes.net
418 827-6777 **$$**

Château Mont-Sainte-Anne

Deux étages du Château Mont-Sainte-Anne ont été rénovés, et les chambres qui y sont situées sont regroupées sous l'appellation Nordik. Ces chambres sont spacieuses et modernes, en plus d'être équipées d'un petit coin-cuisine avec four à micro-ondes.

500, boulevard du Beau-Pré,
Beaupré, G0A 1E0
www.chateaumontsainteanne.com
1 866 900-5211 **$$**

AUBERGE BAKER

Microbrasserie des Beaux-Prés

Luc Boivin, ancien des Brasseurs du Nord et de Dieu du ciel ! brasse depuis février 2012 stouts, pale ales, Weizenbocks et Hefeweizens, qu'il sert dans ce pub très fréquenté avec vue sur le fleuve et l'île d'Orléans. Ses boissons houblonnées sont parfaitement équilibrées, et son menu sort juste assez des sentiers battus : pizzas libanaises, croustillants de canard confit, soupe aux merguez. Un coup de cœur.

9430, boulevard Sainte-Anne,
Sainte-Anne-de-Beaupré, G0A 3C0
www.mdbp.ca
418 702-1128 **$**

Les trois becs

À la fois café, pâtisserie, épicerie gourmande et traiteur, les Trois becs offrent dans leur local coloré du boulevard Sainte-Anne des plats simples et savoureux, qui font une belle place aux produits du coin. On a craqué pour la tartine au fromage de chèvre et au canard fumé, accompagnée d'une Matante, une blonde de la microbrasserie Archibald.

10 955, boulevard Sainte-Anne,
Beaupré, G0A 1E0
www.troisbecs.com
418 827-4372 **$**

Bistro Kent House

Tartiflette au fromage Frère Jacques, soupe à l'oignon à la Boréale brune, assiette de saumon, truite et crevettes nordiques fumés sur place... Le menu de ce bistro sis dans le Manoir Montmorency, au parc de la Chute-Montmorency est un vrai réconfort pour les journées pluvieuses.

2940, avenue Royale, Québec, G1C 1S1
www.sepaq.com/ct/pcm
418 663-3330 **$**

BISTRO KENT HOUSE

MANOIR MONTMORENCY

Photos : Olivier Pontbriand

Baie-Saint-Paul

On y va pour le ski, les nombreuses galeries d'art de la rue Saint-Jean-Baptiste et pour les producteurs et les restos qui mettent leurs fromages, canards, champignons, charcuteries et autres merveilles au menu. Car nous sommes dans Charlevoix, la région du terroir...

La Ferme

Tout le monde tombe sous le charme de La Ferme, l'hôtel du complexe de ski le Massif. Décor chic-contemporain-campagnard, qui laisse beaucoup de place aux artisans de la région. Bains à l'extérieur, un grand plaisir les journées grises et fraîches, et encore plus lorsque les moutons broutent tout près, sous le crachin. Chouette resto, Les Labours, qui fait la part belle aux produits du terroir. Impossible de résister. Une des meilleures adresses du Québec.

50, rue de la Ferme,
Baie-Saint-Paul, G3Z 0G2
www.lemassif.com
418 240-4100 **$$ - $$$**

Patrimoine

Une belle façon de découvrir Baie-Saint-Paul est le circuit Architecture, art et patrimoine. Grâce à la participation d'artistes peintres, ce parcours intègre l'art et l'histoire au patrimoine. Plusieurs maisons construites au XIX et XXe siècles, encore bien conservées, ont été peintes par des artistes en tenant compte de toutes leurs particularités architecturales. L'ensemble comprend des maisons inspirées de la tradition québécoise, de l'esprit victorien et de l'époque coloniale américaine. Même les styles Regency, anglo-normand et néoclassique sont représentés. En plus bien sûr de toutes ces modestes demeures au toit mansardé qui donnent tant de charme à Baie-Saint-Paul.

ANDRÉE LEBEL

www.baiesaintpaul.com

La Laiterie Charlevoix

Un arrêt obligé pour les amateurs de fromage. Depuis plus 60 ans, la laiterie fabrique des fromages au lait de vache. Cheddar frais ou vieilli, mais aussi le Fleurmier à pâte molle, l'Hercule à pâte cuite ou le 1608, fait à partir du lait de vaches de la race patrimoniale Canadienne.

Le comptoir de vente propose une multitude de produits de la région. Situé en périphérie de la ville.

STÉPHANIE MORIN

1167, boulevard Monseigneur de Laval, Baie-Saint-Paul, G3Z 2W7
www.fromagescharlevoix.com
418 435-2184

Les viandes bio de Charlevoix

Vous en trouverez un peu partout au Québec, mais tant qu'à être dans la région, allez faire le plein de saucissons. À quelques kilomètres du centre de Baie-Saint-Paul, à Saint-Urbain. Parfait pour un pique-nique. Dans ce cas, il vous faut aussi un petit pot de cretons de poulet et un pain que vous aurez pris au Moulin de la Rémy.

125, rang Saint-Édouard,
Saint-Urbain, G0A 4K0
www.viandesbiocharlevoix.com
418 639-1111

Restaurant le Saint-Pub

Chez les amateurs de houblon, la réputation de la microbrasserie de Charlevoix n'est plus à faire. Les bières d'inspiration belge Dominus Vobiscum blanche ou ambrée et les étonnantes Vaches Folles avec lactose sont vendues partout en province. C'est ici que tout a commencé en 1998. Au Saint-Pub, restaurant-bar officiel de la microbrasserie, les bières charlevoisiennes (dont certaines exclusivités) sont à l'honneur, dans les verres comme dans l'assiette. À essayer : le smoked meat mariné à la bière, fumé sur place.

STÉPHANIE MORIN

2, rue Racine,
Baie-Saint-Paul, G3Z 2P8
www.saint-pub.com
418 240-2332 **$-$$**

LA FERME

Photos : Robert Skinner

LA LAITERIE CHARLEVOIX

RESTAURANT LE SAINT-PUB

Photos : Martin Chamberland

Photo : Ivanoh Demers

PAR ICI
LES *FOODIES* !

Parce que bien manger c'est aussi un des grands plaisirs des vacances. On aime bien découvrir des restos sympas et les producteurs qui leur fournissent des trésors !

CINQ MICROBRASSERIES
À VISITER AU QUÉBEC

À l'Abri de la tempête

Aux Îles-de-la-Madeleine, il faut aller prendre une bière directement à la brasserie À l'Abri de la tempête. Pour avoir l'impression d'être très loin de tout, les dunes à l'horizon...

286, chemin Coulombe,
L'Étang-du-Nord, G4T 3V5
www.alabridelatempete.com
418 986-5005 **$**

Trou du diable

À Shawinigan, on fait un détour par le si sympathique Trou du diable, nommé d'après une légende entourant les chutes de Shawinigan. La liste des bières brassées sur place donne déjà le tournis, et comme on veut en goûter plusieurs, la situation ne s'améliore pas avec les heures qu'on y passe... D'autant que le menu pub est très, très bien aussi.

412, avenue Willow,
Shawinigan, G9N 1X2
www.troududiable.com
819-537-9151 **$$**

La Tête d'allumette

À Kamouraska, la terrasse de La Tête d'allumette donne sur le fleuve. L'hiver, comme il fait noir de bonne heure, on peut regarder un match de hockey en mangeant un pogo fait avec une saucisse de Fou du cochon, merveilleux charcutier de La Pocatière. Le bonheur, quoi.

265, route 132 Ouest,
Saint-André-de-Kamouraska, G0L 2H0
www.tetedallumette.com
418 493-2222 **$**

Le Naufrageur

À Carleton-sur-Mer, les frères Louis-Frank et Sébastien Valade sont derrière la microbrasserie Le Naufrageur. Leurs bières sont préparées avec des ingrédients québécois à 99 %, plusieurs exclusifs à la région, comme le myrique beaumier. Spectacles tous les vendredis soir ou presque, même l'hiver.

586, boulevard Perron,
Carleton-sur-Mer, G0C 1J0
www.lenaufrageur.com
418 364-5440 **$**

La Voie Maltée

À Chicoutimi, on adore l'ambiance sympa du pub de La Voie Maltée. Des bières de saison et un menu impeccable où la bière trouve toujours son chemin...

777, boulevard Talbot, Saguenay
(Chicoutimi) G7H 4B3
www.lavoiemaltee.com
418 549-4141 **$-$$**

Photo : Hugo-Sébastien Aubert

À L'ABRI DE LA TEMPÊTE

Bières en fût   Nouvea
en boute

Écume 4.8%
blonde dorée   Belle Saison
Vieux Couvent   5.5%   blonde croustillé
bière de blé aux herbes
Pas Perdus 5.0%   TerreFerme
rousse rafraîchissante   du houblon à v
Grave du Café 4.4%
stout aux accents de moka   Grands C
Saisonnière
                              Corne de Br
Formats   intense scotch
Bureau de dégustation 12.00
                      7.25   Corps Mor
Bock 16.00 Pichet 68.00   malt fumé du Fur
      6.25   19.00
                  Assiettes des Îles
    Fumoir d'Antan
    assortiment de poissons fumés du Fumoir d'A

    Terre
    terrines et fromages, pépèrettes de loup-m

    Fromagère
    assortiment de fromages des Îles
    Grignotines   hareng fumé ou croustilles

        Visitez notre Boutique

Photo : Robert Skinner

COMPTON

D'abord, il y a les Comptonnales, sympathique fête gourmande célébrée en septembre, qui regroupe les producteurs de la région.

Et puis, quelques commerces vraiment biens sur la petite rue principale, dont la boulangerie Les Miettes. BioBon, qui fait le meilleur végépâté du monde, a quitté la rue principale, mais on peut se procurer le délice en question au Marché Grégoire et filles, sur le chemin Hatley. Mais ce n'est pas tout : il y a là, pas si loin, l'une des meilleures fromageries du Québec, La Station. Il faut vraiment faire un crochet pour prendre le temps d'aller y goûter le fabuleux Alfred le Fermier, fait avec le lait bio des vaches du troupeau familial. Si vous êtes chanceux, le maître fromager Simon-Pierre Bolduc sera en train de tester un nouveau produit et vous serez les premiers à y goûter. Sinon, jetez votre dévolu sur un morceau de Comtonne vieilli. Pur bonheur.

Et s'il reste de la place dans votre glacière, vous faites aussi un saut à la Beurrerie du Patrimoine pour un petit pot de beurre fait à la main avec le lait de la ferme Groleau, petite et généreuse. Et ajoutez donc un pot de crème fraîche.

Pourquoi de la crème fraîche ?

Tout simplement pour aller avec la tarte que vous allez faire avec les pommes du verger Le Gros Pierre. Évidemment. Et comme la glacière est pleine, terminez tout cela avec leurs fabuleuses croustilles de pommes, à grignoter en route. Ou dans le beau verger, surtout si c'est l'automne et qu'il bouillonne de cueilleurs.

Vous aurez passé un temps fou à arpenter les bucoliques paysages de Compton, goûtant à ceci, cela. Alors si vous désirez faire une pause, choisissez le charmant bistro Le Cinquième élément, parfait complément d'une virée si épicurienne.

Fromagerie La Station
440, chemin de Hatley,
Compton, J0B 1L0
www.fromagerielastation.com
819 835-5301

Ferme Jean Noël Groleau
225, chemin Cochrane,
Compton, J0B 1L0
www.fermegroleau.com
819 835-9373

Verger Le Gros Pierre
6335, route Louis-S.-Saint-Laurent,
Compton, J0B 1L0
www.grospierre.com
819 835-5549

Le Cinquième élément
6815, route Louis-S.-Saint-Laurent,
Compton, J0B 1L0
www.lecinquiemeelement.ca
819 835-0052 **$$**

Photo : Alain Roberge
FROMAGERIE LA STATION

Photo : Martin Chamberland
BEURRERIE DU PATRIMOINE

BEURRE
SANS SEL

BEURRE
SANS SEL

Photo : Ivanoh Demers

WARWICK

Violaine Ballivy

La campagne de ce village situé au pied des Appalaches est magnifique, rythmée par les fermes et leurs champs s'étirant à perte de vue ainsi que par de jolies maisons ancestrales.

On y gare sa voiture, on enfourche son vélo, on profite du paysage.

On commence par un petit café.

Hors des grandes villes, point de bons cafés ? C'est pour en finir avec le cliché voulant qu'en région, on ne boit que du jus de chaussette que Jocelyne Laforest et Laurent Girard ont troqué leurs habits d'agriculteurs pour ouvrir la Brûlerie des Cantons où ils grillent une cinquantaine de cafés différents.

Peu importe le trajet dans la région, il doit comporter une visite à la fabuleuse Fromagerie du Presbytère installée dans un ancien presbytère sauvé de l'abandon par les frères Jean et Dominic Morin et restauré avec beaucoup de goût. La ferme Morin se trouve juste en face, de l'autre côté de la rue. C'est avec le lait bio de leurs vaches que les Morin font le Louis D'or et le Bleu d'Élisabeth, lauréats

de très nombreux prix, décernés tant par le public que par les experts. Ils sont tout simplement extraordinaires.

La fromagerie accueille les clients tous les jours de la semaine. L'été, on invite les cyclistes à pique-niquer dans les jardins de la fromagerie et on organise des 5 à 7 tous les vendredis, journée de production du fromage frais, servi accompagné de pain frais et de charcuteries locales. Chansonnier sur place. N'oubliez pas d'apporter votre vin.

Et après l'apéro, on passe à table !

Installé dans une magnifique demeure datant de 1872, le Paris-Brest propose une cuisine bistro d'inspiration française qui met en valeur les produits de la région. On peut y acheter sandwich et salade pour emporter ou encore prendre le temps de souffler en dînant dans la très belle salle à manger. Plusieurs produits locaux en vente sur place.

Brûlerie des Cantons
4, rue Beauchesne, Warwick, J0A 1M0
www.bruleriedescantons.com
819 358-9177 $

Fromagerie du Presbytère
222, rue Principale, Warwick, J0A 1M0
www.fromageriedupresbytere.com
819 358-6555

Bistro Le Paris-Brest
5, rue Saint-Joseph, Warwick, J0A 1M0
www.leparisbrest.com
819 358-9797 $-$$

D'AUTRES FROMAGERIES
QUI VALENT UN ARRÊT

Au Gré des champs
à Saint-Jean-sur-Richelieu

Pour leur fromage frais, non affiné, le Péningouin. Une rareté. Et le Pont-Blanc. Et aussi pour leur fromage éponyme. Un grand classique. Certainement l'une des meilleures adresses fromagères de la province.

400, rang Saint-Édouard,
Saint-Jean-sur-Richelieu, J2X 5T9
www.augredeschamps.com
450 346-8732

Fromagerie Médard
au Lac-Saint-Jean

On y arrête surtout le jour où il y a du fromage frais, La Couventine, crémeux comme de la crème fraîche bien épaisse. Et si c'est la saison des bleuets, alors vous êtes au paradis : c'est le mariage parfait.

10, rue Dequen, Saint-Gédéon, G0W 2P0
www.fromageriemedard.com
418 345-2407

Fromagerie du Pied-De-Vent
aux Îles-de-la-Madeleine

L'une des pionnières dans ce grand courant fromager québécois. Il faut essayer le fromage éponyme.

149, chemin de la Pointe-Basse,
Havre-aux-Maisons, G4T 5H7
418 969-9292

Le Mouton blanc à La Pocatière

Des fromages de brebis impeccables, faits par un fromager minutieux et une bergère passionnée. On leur doit la désormais célèbre tomme de Kamouraska et sa petite sœur au poivre. Tellement bonnes !

176, route 230 Ouest,
La Pocatière, G0R 1Z0
www.lemoutonblanc.ca
418 856-6627

SHERBROOKE, CÔTÉ BOUFFE

Mais que se passe-t-il donc à Sherbrooke ? Les bons restos se multiplient, les boutiques gourmandes aussi. On valorise le terroir et les producteurs. Les chefs s'y installent.

Nos choix : le marché de la Gare pour faire ses provisions, la chocolatière Choco-là qui fait sa version des biscuits à la guimauve Whippet, la micro-brasserie Boquébière, l'Antidote Foodlab et bien sûr, bien sûr, le formidable Auguste.

Grande œuvre de la superstar de la cuisine Danny St Pierre, ce restaurant bistro a grandement contribué à revitaliser la rue Wellington. On vient de loin pour la cuisine recherchée et originale du jeune et dynamique St Pierre. On l'adore, que voulez-vous !

DANNY ST PIERRE

Photo : André Pichette

Marché de la Gare
720, place de la gare,
Sherbrooke, J1H 0E9
819 821-1919

Choco-là
43, rue Wellington Nord,
Sherbrooke, J1H 5B7
www.1chocolat.ca
819 791-6777

Microbrasserie Boquébière
50, rue Wellington Nord,
Sherbrooke, J1H 5B7
www.boquebiere.com
819 542-1311 **$**

Antidote Foodlab
35, rue Belvédère Nord,
Sherbrooke, J1H 4A7
www.antidotefoodlab.com
819 791-9117 **$$**

Auguste
82, rue Wellington Nord,
Sherbrooke, J1H 5B8
www.auguste-restaurant.com
819 565-9559 **$$-$$$**

À SHERBROOKE, FAITES AUSSI UNE BALADE PATRIMONIALE

Maisons vernaculaires américaines du XIXe siècle. Beautés architecturales qui empruntent au style Queen Anne ou palladien néogothique, Second Empire ou Cottage Regency. Le Vieux-Nord, plus ancien quartier de Sherbrooke, recèle de nombreux trésors architecturaux qui ont survécu aux outrages du temps.

Sur le boulevard Queen-Victoria ou encore dans les rues Moore et Montréal, ces riches demeures abritaient jadis la bourgeoisie anglophone de la ville. La Société d'histoire de Sherbrooke propose un circuit patrimonial, avec baladeur MP3, pour découvrir les plus belles perles du quartier.

D'une durée de deux heures environ, le circuit présente l'histoire des bâtiments et leurs caractéristiques architecturales. On s'émerveille devant de splendides résidences dotées de tourelles, de dentelures de bois ou de colonnes doriques ; on s'émeut devant la vieille prison Winter et sa façade de pierre aux austères volets de fer. Et du haut du belvédère Koatek, on mesure toute la beauté de la tumultueuse rivière Magog.

STÉPHANIE MORIN

275, rue Dufferin,
Sherbrooke, J1H 4M5
www.histoiresherbrooke.com
819 821-5406

Photo : Olivier Pontbriand

Photo : Ivanoh Demers

DÉCOUVRIR LE QUÉBEC PAR LE VENTRE

DIX ACTIVITÉS ESSENTIELLES

1. GOÛTER LE MIEL D'ANICET

(et l'hydromel de son père!)

Si vous ne pouvez pas vous rendre dans la magnifique campagne de Ferme-Neuve, loin dans les Hautes-Laurentides, courez au supermarché et emparez-vous d'un pot de miel d'Anicet, bio et de saison, avec toutes les subtilités aromatiques que devrait avoir un bon miel. Produit par Anicet Desrochers et sa douce, Anne-Virginie. Et pour pousser la gourmandise encore plus loin, essayer l'un des hydromels de la maison. Le terroir à son meilleur.

Miel d'Anicet
111, rang 2 Gravel,
Ferme-Neuve, J0W 1C0
www.mielsdanicet.com
819 587-4825

2. ALLER AUX BLEUETS OU AUX CANNEBERGES !

En août, au Lac-Saint-Jean, où le bleuet est partout. Et faites un détour pour goûter à la tarte aux bleuets de la Ferme Michel Rivard et fille de Saint-Ambroise. Ça vaut le coup !

Un peu plus tard, en septembre, c'est la canneberge qui se récolte, dans un ballet aquatique spectaculaire, surtout dans le Centre-du-Québec. Un saut au Centre d'interprétation de la canneberge vous donnera envie d'ajouter la petite bille rouge dans toutes vos recettes !

Ferme Rivard
349, 9ᵉ rang, Saint-Ambroise, G7P 2A2
www.fermerivard.com
418 590-3224

Centre d'interprétation de la canneberge
80, rue Principale,
Saint-Louis-de-Blandford, G0Z 1B0
www.canneberge.qc.ca

Photo : Martin Chamberland

Photo : Olivier Pontbriand

3. ESSAYER UN PRODUIT DE LA MER *FLYÉ* : LES BOURGOTS OU L'ANGUILLE

On ne goûte pas au Québec sans avoir essayé ses bourgots, ce sympathique petit escargot de mer pas très appétissant. Simplement assaisonné avec du jus de citron, il est le plus beau cadeau du Saint-Laurent, vous diront les gens du Bas-du-Fleuve avec un petit accent du coin.

Trop *flyé*? Allez-y avec l'anguille. C'est dans sa version fumée que l'anguille est la plus facile à découvrir. Elle remplace le saumon ou le maquereau fumé dans la plupart des recettes, pourvu qu'on ne force pas trop sur les épices au risque de masquer son délicat goût d'amande. On la sert avec une salade, sur des canapés avec un filet de citron et quelques herbes marines si possible, ou sur des toasts de pain de seigle, avec de la crème sure à la ciboulette. Sa chair amande est assez ferme et, grâce à sa teneur élevée en gras, bien humide.

VIOLAINE BALLIVY

4. FAIRE UNE TOURNÉE DES VIGNOBLES

Il y en a maintenant partout, mais les bucoliques Cantons-de-l'Est ne donnent pas leur place lorsqu'il s'agit de passer de l'un à l'autre. Pour la visite, on aime bien le Domaine du Ridge à Saint-Armand, le Domaine Les Brome à Lac-Brome et le classique Orpailleur à Dunham, pionnier du vin québécois. On conseille aussi un détour par Les Pervenches, un vignoble biologique à Rainville, pas loin de Farnham qui fait un merveilleux chardonnay. Dans les faits, notre vrai conseil est de partir tôt le matin et de tous les visiter en une seule journée.

Domaine du Ridge
205, chemin Ridge, Saint-Armand, J0J 1T0
www.domaineduridge.com
450 248-3987

Domaine Les Brome
285, chemin Brome, Lac-Brome, J0E 1S0
www.domainelesbrome.com
450 242-2665

Vignoble de l'Orpailleur
1086, rue Bruce, Dunham, J0E 1M0
www.orpailleur.ca
450 295-2763

Vignoble Les Pervenches
150, chemin Boulais,
Farnham (Rainville), J2N 2P9
www.lespervenches.com
450 293-8311

Photo : David Boily

Photo : André Pichette

5. DÉCOUVRIR DES ALCOOLS DE FRUITS

Si vous voulez vraiment essayer un produit typique, il faut vous rendre à l'île d'Orléans, visiter Cassis Monna & filles et faire le plein de la meilleure crème de cassis qui soit. Paysage enivrant, équipe dynamique, avant-gardiste : on les adore.

À environ une heure de Montréal, à Franklin près de la frontière américaine, Entre Pierre & Terre fait aussi de l'alcool avec le cassis. Mais aussi avec la poire, la pomme, la canneberge, le bleuet...

Il faut aller faire un tour en automne, alors que les vergers du coin sont remplis de pommes !

Cassis Monna & filles
721, chemin Royal,
Saint-Pierre-de-l'île-d'Orléans,
G0A 4E0
www.cassismonna.com
418 828-2525

Entre Pierre & Terre
1260, route 202, Franklin, J0S 1K0
www.vindefruit.ca
450 827-2993

6. CUEILLIR SES ARTICHAUTS

C'est la fin de l'été, vous êtes en ville et vous auriez bien envie d'obtenir un petit bout de campagne sans trop d'effort ? C'est simple. Il faut aller cueillir ses artichauts à la ferme La fille du Roy en Montérégie, à 40 minutes de Montréal. Et en profiter pour faire un pique-nique sur place, combiné avec une petite balade au mont Saint-Hilaire...

Ferme La Fille du Roy
1920, rang Saint-Simon,
Sainte-Marie-Madeleine, J0H 1S0
www.lafilleduroy.com
450 795-3579

7. VISITER UNE CERISAIE

On l'oublie trop souvent, les cerises ne poussent pas qu'en France ou en Colombie-Britannique, mais ici aussi. Elles sont plus acides et plus petites que les grosses « Bing » importées, certes, mais les nouvelles variétés sont aussi très bonnes à croquer et sont excellentes macérées dans l'alcool ou le sirop, dans les tartes et les confitures. Le Temps des Cerises, à Charette, s'inscrit bien dans une virée en Mauricie, en passant par Saint-Alexis-des-Monts ou Saint-Paulin. Attention, la saison est courte, pas plus de deux semaines, à la fin du mois de juillet. Appelez avant de vous déplacer !

Le Temps des cerises
473, 1er Rang Nord, Charette, G0X 1E0
www.letempsdescerises.ca
819 221-3055

Photo : Ivanoh Demerd

Photo : Olivier Pontbriand

8. SAVOURER DU FOIE GRAS ARTISANAL

C'est le luxe du luxe. On va l'acheter à la ferme, directement. Nos choix : la Ferme Basque, à Saint-Urbain, dans Charlevoix, ou le domaine Maurel-Coulombe, à Saint-Jean-de-Matha dans Lanaudière. Deux endroits hors du commun où l'élevage est fait dans les règles de l'art et le respect de la nature.

La Ferme Basque de Charlevoix
813, rue Saint-Édouard,
Saint-Urbain, G0A 4K0
www.lafermebasque.ca
418 639-2246

Domaine Maurel-Coulombe
1061, rang du Sacré-Cœur,
Saint-Jean-de-Matha, J0K 2S0
www.domainemaurelcoulombe.com
450 886-2544

9. CHOISIR SON FROMAGE EN GRAINS

Que ce soit pour la poutine ou pour la route, il faut bien choisir son fromage en grains. Des dizaines de fromageries font de l'excellent cheddar frais, mais le meilleur, hors de tout doute, choisi par acclamation populaire, se trouve à la fromagerie des Basques de Trois-Pistoles.

Fromagerie des Basques
69, route 132, Trois-Pistoles, G0L 4K0
www.fromageriedesbasques.ca
418 851-2189

10. ALLER AUX CHAMPIGNONS

Au printemps, avant même l'arrivée des beaux jours et des petits fruits sucrés, les cueilleurs s'activent déjà dans les forêts à la recherche des premiers champignons qui pointent le bout de leur chapeau au-dessus de la terre, sitôt la neige fondue. Au début du mois de mai, on traque les précieuses morilles, si bonnes avec le poulet à la crème et les pâtes fraîches, ou encore les pleurotes, fidèles alliés des risottos.

La cueillette est interdite dans les parcs gérés par la Sépaq, mais permise dans les réserves, plusieurs parcs municipaux et parcs privés

Deux ressources précieuses : la Mycoboutique et le Cercle des mycologues de Montréal.

VIOLAINE BALLIVY

Info : www.mycomontreal.qc.ca

Mycoboutique
4324, rue Saint-Denis, Montréal, H2J 2K8
www.mycoboutique.ca
514 223-6977

PRENDRE UN GRAND BOL D'AIR FRAIS

Ici, c'est aussi le pays de la randonnée en nature.
Pour tous, à la découverte du monde. Et certaines
régions se font particulièrement belles pour les
contemplatifs.

Photos : Robert Skinner

LES PARCS NATIONAUX DE CHARLEVOIX

Ils sont situés à moins de 40 km de distance à vol d'oiseau, mais on les croirait plantés sur deux planètes différentes tellement leurs paysages sont distincts.

Les parcs nationaux des Grands-Jardins et des Hautes-Gorges-de-la-Rivière-Malbaie offrent parmi les plus belles randonnées pédestres de la province. Tapis de lichen et décor de taïga pour le premier, rivière encavée au creux de falaises dramatiques pour le second.

Notre randonnée coup de cœur : l'Acropole des Draveurs, au parc des Hautes-Gorges. Ça grimpe raide, sans ralentir, pendant 800 mètres de dénivelé, mais une fois au sommet, la vue de la vallée glaciaire est à la mesure de l'effort.

Au parc national des Hautes-Gorges-de-la-rivière-Malbaie, le Riverain, offre 6 km de parcours le long de la rivière. Il passe par un sommet d'où l'on peut admirer toute la vallée, sculptée par le passage des glaciers.

STÉPHANIE MORIN

www.sepaq.com/pq

PARTIR À L'AVENTURE

Pour une tout autre expérience, la longue randonnée de 51 km du sentier des caps se fait en 4 ou 5 jours.

sentierdescaps.com

RANDONNÉE

LE PONT VERTIGINEUX DU PARC DE LA GORGE-DE-COATICOOK

Stéphanie Morin

La boucle de la Gorge de Coaticook dans les Cantons-de-l'Est demande un effort minimal et offre un maximum de sites spectaculaires.

Le parcours balisé de 3,5 km longe la rivière et croise une petite centrale hydro-électrique (qui fournit 10 % des besoins en électricité de la ville de Coaticook) avant d'atteindre le fameux pont : le plus long pont suspendu piétonnier au monde, une longue passerelle de 169 mètres construite entre ciel et terre, au-dessus de la rivière.

Le pont a beau avoir l'air solide (il pourrait supporter 800 gaillards de 90 kg, dit-on), on hésite toujours une fraction de seconde avant d'y poser ses semelles. Car le plus long pont suspendu au monde est fichtrement haut. Au fond de la gorge, 50 mètres plus bas, la rivière ressemble davantage à un ruisseau. Et le tablier de bois tangue toujours un peu sous le poids des autres promeneurs.

Pour une randonnée en terrain moins fréquenté, mieux vaut opter pour la boucle Tillotson, dans le même parc, longue de 10 km. Le sentier, plus sauvage, enjambe des ruisseaux et croise plusieurs minigorges. Il passe aussi au cœur d'une ancienne érablière et d'un ancien verger. Un décor totalement différent.

Parc de la Gorge-de-Coaticook
400, rue Saint-Marc, Coaticook, J1A 2T7
www.gorgedecoaticook.qc.ca
819 849-2331

AVEC TOUTOU AU PARC DES APPALACHES

Violaine Ballivy

Au parc des Appalaches en Beauce, les chiens sont bienvenus.

Le parc compte 120 sentiers de randonnée (très bien) balisés reliant huit municipalités entre elles, explorant lacs, plages et sous-bois. La plupart des boucles sont assez courtes, de quelques heures tout au plus, mais les plus chevronnés peuvent aussi s'élancer pour deux jours, voire plus, sans quitter le parc. Les refuges quatre saisons se louent sur place et accueillent un maximum de 8 pensionnaires. Plusieurs emplacements de camping rustique sont offerts gratuitement en saison.

L'ascension du mont Sugar Loaf figure parmi les plus beaux circuits : son sommet ayant déjà servi de point d'observation des garde-feux, la vue est ouverte à 360 degrés sur les municipalités des environs et leurs imposantes églises. De là, on ne peut que constater qu'avec ou sans chien, le parc est certainement la meilleure raison de s'aventurer dans la région.

Parc des Appalaches
105, rue Principale Est,
Sainte-Lucie-de-Beauregard, G0R 3L0
www.parcappalaches.com
418 223-3423

EN FAMILLE AU MARAIS DE LA RIVIÈRE AUX CERISES

Stéphanie Morin

Dans la lumière du matin automnal, le long trottoir de bois semble serpenter à l'infini au milieu des roseaux, des quenouilles et des bosquets aux feuilles rougeâtres.

Certes, le parc du Marais de la Rivière aux Cerises n'est pas infini. Et sa passerelle piétonnière non plus. Mais dans ce territoire de tout juste 1,5 km², on a érigé le plus long sentier sur pilotis en milieu humide du Québec : 2,5 km de trottoir de bois... Pour mesurer l'effort de ceux qui ont érigé cette passerelle les pieds dans l'eau, il faut emprunter le sentier le Pionnier, qui suit l'ancien tracé de la voie ferrée jusqu'au coeur d'une tourbière.

Accessible sans frais, ce sentier (et les 4,5 autres km qui composent l'ensemble du réseau du Marais) est parfait pour une balade d'après-midi en famille. Les sentiers sont accessibles aux fauteuils roulants et aux poussettes. Les chiens y sont les bienvenus. Et les nombreux bancs installés le long du parcours permettent de reposer les jambes fatiguées.

Au printemps, les cerisiers (qui ont donné leur nom à l'endroit), les pommiers et les amélanchiers en fleurs dominent le paysage. À l'automne, peupliers, érables, chênes rouges et bouleaux jaunes composent la palette de couleurs. Les mélèzes ajoutent à la féérie, en tapissant le sol de milliers d'aiguilles jaunies.

Les naturalistes les plus aguerris peuvent observer ici une foule d'espèces animales et végétales, dont certaines spécifiques aux milieux humides. Des plantes insectivores. Du thé du Labrador. Des aulnes rugueux. Des hérons, des canards, des troglodytes, selon la saison. Des ouaouarons, des tortues. Des souris sylvestres, des lièvres.

Outre la longue passerelle de bois, le parc du Marais compte aussi une cache d'observation et une tour haute de 6 mètres. De là-haut, la vue est belle. D'un côté, les maisons et le clocher de l'église de Magog. De l'autre, le mont Orford, habillé de rouge, d'orange, de jaune. Et au cœur de ce paysage, la rivière aux Cerises, qui s'écoule doucement vers le lac Memphrémagog. Un pont de bois, coiffé de cabanes à oiseaux rouge vif, enjambe la rivière.

Même si on fait vite le tour des sentiers, le parc offre une succession de paysages très différents, avec des incursions dans quatre milieux naturels distincts : marécages, tourbière, bois et marais. L'hiver, un sentier de raquette de 2,8 km permet de se balader au milieu des pistes de lièvres.

Marais de la Rivière aux Cerises
69, chemin Roy, Magog, J1X 0N4
www.maraisauxcerises.com
819 843-8118

RAFTING, EN QUÊTE D'ÉMOTIONS FORTES

Stéphanie Morin

Pour ceux qui veulent plus que la randonnée dans le bois ou la balade en canot...

Du rafting, pour commencer. Et de la luge en rapides, si vous tenez vraiment à boire une grande tasse d'eau fraîche.

Peu de gens le savent, mais la rivière des Outaouais est la Mecque des amateurs de rafting et des kayakistes d'eaux vives qui viennent des quatre coins du monde pour pagayer dans ses eaux tumultueuses.

Couteau du boucher. Broyeur. Trou noir. Faiseur de veuve. Avec des noms pareils, les rapides de l'Outaouais évoquent davantage une descente aux enfers qu'une descente de rivière.

Mais lorsqu'il est question de rafting, la peur fait partie du jeu. Plus les vagues sont effrayantes, meilleure est l'expérience. Et ici, les rapides sont costauds. Pas seulement au printemps.

L'Île-du-Grand-Calumet est située à une heure et demie de route à l'ouest d'Ottawa. « La rivière des Outaouais possède un très gros débit, en raison de la présence de plusieurs barrages, explique Martin Bertrand, propriétaire de l'entreprise Horizon X. Contrairement à certaines rivières qui baissent beaucoup au cours de l'été, ici, le niveau de l'eau est toujours assez élevé pour offrir des sensations fortes. Et le danger de se cogner sur une roche est presque nul. »

Bonne nouvelle, parce que dès le premier rapide de la journée, notre raft a versé, emportant des pagayeurs un peu surpris. En moins d'une minute, l'embarcation était revenue en position initiale, tout le monde avait été repêché et toutes les craintes de chavirer s'étaient envolées.

Pendant plus de quatre heures, le courant nous a portés de rapide en rapide : le raft a sauté des trains de vagues, plongé dans des remous sombres, traversé des murs d'eau écumante. Une fois ou deux, le choc a été si intense que le pneumatique s'est trouvé à la verticale. Au Colisée, il a carrément été avalé, disparu sous des trombes d'eau. À la Patte de chien, il a culbuté.

Après les émotions vient heureusement la relaxation. Dans les hamacs suspendus aux arbres, dans le jacuzzi, ou encore les pieds pendants au bout du quai, les clients peuvent passer tout le temps voulu à paresser. Des canots, des kayaks et des pédalos sont aussi mis à la disposition de ceux qui ont encore de l'énergie.

Photo : Hugo-Sébastien Aubert

Photos : Hugo-Sébastien Aubert

LUGE D'EAU

« Vous voyez la langue d'eau plus sombre au centre du rapide ? C'est dans ce V qu'il faut diriger votre luge. Si vous passez à gauche, vous allez être éjecté du rouleau comme un bouchon. À droite, vous allez tourner sous l'eau pas très longtemps – quatre ou cinq secondes – avant de ressortir. »

Du haut des rochers, sur la rive, le parcours était clair. Il fallait d'abord franchir une première vague. Puis, en tenant fermement les poignées de la luge d'eau, s'y hisser jusqu'à la taille, incliner la planche légèrement vers la gauche et palmer à plein régime pour suivre le (fort) courant de la rivière des Outaouais jusqu'au V espéré.

Dans l'eau, c'était une autre paire de manches. La première vague a frappé fort, et la luge s'est retrouvée à la verticale. Le temps de la ramener à plat, j'étais rendue au rouleau d'eau. Celui de droite. Le pire. Le mur de trois mètres de hauteur m'a engloutie et secouée comme un vulgaire pantin avant de me recracher, un brin étourdie, mais indemne. Toussotante, les sinus rincés comme si on avait ouvert un tuyau d'arrosage dans mes narines, les palmes arrachées, j'ai regagné la rive.

« Ça va ?

— Ça va. C'était incroyable ! »

Pour peu, je me serais relancée à l'eau sur-le-champ.

Pour qui ?

Il y a deux parcours de rafting. Le premier, plus familial, convient à des enfants de 18 kg et plus. Le second, plus mouvementé, est offert aux personnes de 40 kg et plus. La luge d'eau est proposée aux personnes de 16 ans et plus.

Horizon X
12, chemin Cadieux,
L'Île-du-Grand-Calumet, J0X 1J0
www.horizonx.ca
819 648-2727

À essayer aussi :

Plus près de Montréal, il est possible de s'initier au rafting dans la rivière L'Assomption, dans Lanaudière. Pour les grands, uniquement. Par contre, l'entreprise Au Canot volant propose aussi canot et kayak, pour tous.

Du mois d'avril à octobre.

Au Canot volant
2058, rang Versailles,
Saint-Côme, J0K 3B0
www.canotvolant.ca
450 883-8886

VOUS EN VOULEZ PLUS ENCORE ?

Si le rafting ne fait pas ou ne fait plus monter l'adrénaline en vous, peut-être que le *sportyaking* pourrait vous intéresser. Il s'agit d'un bateau gonflable, comme celui utilisé pour le rafting, mais conçu pour deux personnes seulement.

En rafting, on peut bien arrêter de pagayer ; d'autres feront le travail pour nous. En *sportyaking*, on ne peut pas se fier à ses camarades.

L'entreprise Nouveau Monde, dans les Laurentides, organise des randonnées sur la rivière Rouge. On y descend six ou sept rapides, selon la saison, de classe 1 à 4. Et un rapide de classe 4, ça brasse.

ÉMILIE BILODEAU

Rafting Nouveau Monde
25, chemin des Sept-Chutes,
Grenville-sur-la-Rouge, J0V 1B0
www.newworld.ca
1 800 361-5033

Photo : Marco Campanozzi

OÙ EMMENER DES FRANÇAIS EN VOYAGE AU QUÉBEC ?

Le rêve des Premières Nations et des grands espaces rime trop souvent avec attrapes touristes. Que c'est dommage : il y a de ces lieux authentiques au Québec, qui font du bien à tous. Parce qu'on y est heureux, tout simplement.

LA SEIGNEURIE DU TRITON, POURVOIRIE PATRIMONIALE

Pierre-Marc Durivage

C'est un lieu unique, hors du temps. On s'y rend entre copains, en famille et même en amoureux, pour fouler les pas de Churchill...

La Seigneurie du Triton est l'un des plus anciens clubs de chasse et de pêche d'Amérique du Nord.

Elle est située au cœur d'un territoire boréal intact. Mais, au-delà de son caractère mythique et de son aura centenaire jalousement préservée, la pourvoirie est bien de son temps et a tout pour plaire, que l'on soit pêcheur, chasseur, gourmand ou tout simplement amant de la nature.

Quand on entre dans le grand salon du *club-house*, construit en 1893, on est tout de suite happé par la longue histoire conservée entre ces murs de lambris de bois, ornés de vieilles photos, de trophées de chasse et d'autres artéfacts centenaires.

Impossible de ne pas imaginer Winston Churchill ou Theodore Roosevelt assis dans l'un de ces vieux fauteuils, en train de siroter un scotch, comme ils l'ont sans aucun doute fait quand ils avaient l'habitude de séjourner dans ce club privé de la Haute-Mauricie.

Photos : Marco Campanozzi

CHASSE ET PÊCHE

Douze lacs sont accessibles à partir de courts sentiers de portage. L'essence, les chaloupes, les droits de pêche, les gilets de sauvetage, les bottes et les imperméables sont tous fournis sur place. Pour les chasseurs, le vaste domaine privé permet de chasser l'ours au printemps et le petit gibier à l'automne.

DÉCOUVERTE DE LA FAUNE ET DE LA FLORE

Ours, orignaux, urubus, castors : chaque jour, il est possible, avec un peu de chance, d'aller observer les animaux dans leur milieu naturel, la forêt entourant la Seigneurie du Triton faisant désormais partie d'une aire protégée de 408 km². Les circuits d'interprétation sont accessibles en solo ou en compagnie de guides, à pied ou en canot. Les huit sentiers de randonnée pédestre – le plus long s'étire sur 20 km – sont par ailleurs bordés d'affiches décrivant les différentes espèces de plantes, d'arbres et de champignons de la forêt mauricienne.

PAVILLONS ET CHALETS

Construits respectivement en 1996 et en 2000, les deux pavillons offrent des chambres plus spacieuses qui disposent de salles de bains complètes, ce qui est très apprécié des jeunes familles. C'est neuf, mais le cachet est néanmoins conservé et on s'efforce d'ajouter régulièrement quelques améliorations, que ce soit au mobilier ou aux revêtements des murs et des planchers. Quatre chalets sont par ailleurs offerts en location pour les groupes nombreux.

Seigneurie du Triton
Lac-Édouard, Mauricie, G0X 3N0
www.seigneuriedutriton.com
418 648-0557 **$$**

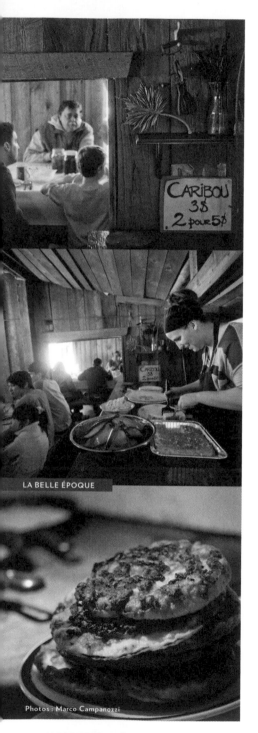

CARIBOU
3$
2 pour 5$

LA BELLE ÉPOQUE

Photos : Marco Campanozzi

ALLER À LA CABANE À SUCRE

Un ami touriste, on l'emmène à la cabane à sucre, évidemment. Mais on en choisit une vraie, sans fla-fla, qui sert les classiques œufs dans le sirop.

On aime bien La Belle époque, une cabane familiale en Montérégie, à moins d'une heure de Montréal.

Certains clients viennent y manger depuis le début et leur fidélité est récompensée: le sympathique propriétaire les appelle en janvier pour prendre leurs réservations! On y vient notamment pour les crêpes, bien gonflées. «Les gens capotent! Il y a un monsieur qui vient juste pour ça, il ne mange rien d'autre », dit Michel Gagnon, le proprio en question. Sa fille Amélie, qui flâne dans la cabane depuis son enfance, est en cuisine et crée les petits plats, tout en préparant la relève.

* Sur la Rive-Nord, aussi à moins d'une heure de route de Montréal, il y a bien sûr la fabuleuse cabane de Martin Picard, chef du resto montréalais le Pied de cochon. Mais dans ce cas, il faudra réserver des mois d'avance et prévoir des plats pour rapporter les restants à la maison...

La Belle époque
792, rang Fleury,
Saint-Bernard-de-Michaudville, J0H 1C0
450 792-2031 $

Cabane à sucre Au Pied de cochon
11382, rang de la Fresnière,
Mirabel (Saint-Benoît), J7N 2R9
www.cabaneasucreaupieddecochon.com
$$

LA BELLE ÉPOQUE

LA PÊCHE AUX PETITS POISSONS DES CHENAUX

La pêche aux petits poissons des chenaux, à Sainte-Anne-de-la-Pérade est unique, originale et pas du tout touristique – lire ici, pas de peau d'animaux et de poutine inversée pour réchauffer les pêcheurs de passage. Une bonne soupe aux pois à manger avec une cuillère en plastique, ça c'est authentique. Enfin.

Et il faut être bien vêtu, n'est-ce pas ?

Association des pourvoyeurs de pêche aux petits poissons des chenaux
8, rue Marcotte,
Sainte-Anne-de-la-Pérade, G0X 2J0
www.associationdespourvoyeurs.com
418 325-2475

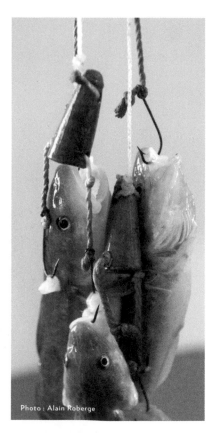

Photo : Alain Roberge

L'HÔTEL-MUSÉE WENDAKE

Situé un peu au nord de Québec. Super décor, inspiré des maisons longues. Et une table qui met en vedette la cuisine des Premières Nations. Une rareté. Ça vaut la peine de sortir de Québec pour y passer une nuit.

Hôtel-Musée des Premières nations
5, place de la rencontre,
Wendake, G0A 4V0
www.hotelpremieresnations.ca
418 847-2222 **$$**

LE NOUVEAU PARC NATIONAL DU LAC-TÉMISCOUATA

Ce nouveau parc est situé dans le Bas-Saint-Laurent et l'on peut y faire des fouilles archéologiques. Petite leçon d'histoire, en pleine nature. À jumeler avec une journée de canot ou de randonnée dans les 27 km de sentiers.

Parc national du Lac-Témiscouata
750, route 295, Dégelis, G0L 1V0
www.sepaq.com/pq/tem/
418 855-5508

LE VILLAGE HISTORIQUE DE VAL-JALBERT

Le village de Val-Jalbert, au Lac-Saint-Jean, a récemment ajouté de l'hébergement hyper confortable à son offre touristique. Très pratique si on veut prendre le temps de se balader dans le village et admirer la chute, de jour comme de soir. C'est un rendez-vous avec l'histoire.

95, rue Saint-Georges,
Chambord, G0W 1G0
www.valjalbert.com
418 275-3132

LE FESTIVAL WESTERN DE SAINT-TITE

Stéphanie Morin

Si vous devez choisir un seul festival, parmi les centaines qui se tiennent aux quatre coins de la province, chaque année, ça doit être le Festival western de Saint-Tite.

Pour son authenticité. Parce que tous ces cowboys qui se donnent rendez-vous en Mauricie se prennent au sérieux, mais ne se prennent pas pour d'autres. Pour la mer de roulottes qui s'installent dans un petit village de moins de 5 000 habitants. Et pour tous ces gens qui passent l'année à attendre ses visiteurs, plus d'un demi-million, le temps d'un rodéo.

« On ne naît pas champion, on le devient huit secondes à la fois. »

Sous les grands gradins de Saint-Tite, là où se rassemblent les cowboys avant les rodéos, ces mots sont affichés bien en évidence sur les murs. Huit secondes, c'est le temps pendant lequel les cowboys doivent rester bien assis sur le dos du cheval ou du taureau qui se démène pour l'éjecter. C'est l'écart immense entre le succès et l'échec.

Huit secondes, c'est surtout une éternité pour le commun des mortels, pour qui faire du rodéo tient de la pure folie. Mais l'adrénaline de ces casse-cou en bottes Boulet est contagieuse...

Au micro, on récite la prière des cowboys. Il y est question d'aréna de la vie, de grande finale où le Seigneur sera le dernier juge. Le spectacle peut commencer.

Les rodéos sont le clou du Festival western de Saint-Tite. Chaque fois, 7500 personnes s'entassent dans les gradins pour voir les cowboys se faire secouer comme des pantins sur des chevaux sauvages, tenter de rester accrochés (d'une seule main s'il vous plaît) sur le dos d'un taureau de 900 kg

368

Photo : David Boily

avec des cornes longues comme ça ou grimper sur un cheval au galop.

Si la bravoure des cowboys provoque l'admiration, la fougue des animaux suscite aussi bien des hourras. Plus encore que les cowboys ou les nombreux chanteurs country qui font danser les foules jusqu'aux petites heures du matin, les chevaux sont les véritables vedettes du Festival western. On les voit parader tout pomponnés lors du défilé, trotter à l'unisson au concours de dressage, déplacer des charges titanesques lors de la compétition de traction. Devant tant de noblesse et de beauté, on se prend presque à rêver d'une vie au grand air, au cœur d'un ranch.

Mais le chapeau ne fait pas le cowboy, on le découvre bien assez vite à Saint-Tite. Ici, les vendeurs de chapeaux font des affaires d'or. De la grand-mère, aux bambins en passant par les chiens, on voit des chapeaux de cowboy sur toutes les

têtes : des roses, des rayés, des frangés, faits de cuir ou de paille, ornés de deux cannettes de bière reliées par une longue paille...

Kitsch ? Peut-être, mais un kitsch totalement assumé par les festivaliers.

Les purs amateurs de country courent les spectacles et les séances de danse en ligne. Un mot sur la danse country : pour un néophyte, c'est vachement compliqué ! On ne rejoint pas la ronde comme dans un vulgaire continental. Il faut connaître par cœur chaque pas, chaque chorégraphie.

The Flute, The Chill Factor, Camina : à la simple évocation de ces danses, la piste de danse se remplit de danseurs (tous sexes et âges confondus) qui exécutent les pas à l'unisson. Ils viennent de partout au Québec, parfois de l'extérieur, mais on jurerait qu'ils dansent ensemble depuis le premier jour.

INFORMATIONS PRATIQUES :

L'accès aux lieux est gratuit. Pour assister à la majorité des spectacles sous chapiteau, il faut toutefois se procurer une étoile de shérif au coût de 5 $, mais les grands spectacles, les rodéos, la majorité des soirées dansantes, les cours de danse, notamment, ne sont pas inclus.

Il faut payer une place de stationnement, la plupart du temps à des résidents qui rentabilisent un bout de leur terrain.

Des bouchons de 5 km pour entrer dans Saint-Tite, c'est chose fréquente pendant les week-ends du festival. Après les grands événements comme les rodéos ou le défilé, sortir de la municipalité est un véritable cauchemar, surtout lorsque les motorisés quittent l'endroit en grand nombre. Pensez à y aller en train.

Sur l'emplacement du Festival, les déplacements peuvent aussi donner des maux de tête : foule très compacte, chevaux, poussettes, chiens, voitures de sécurité, remorques pleines de bétail engorgent les rues, maculées du crottin de cheval.

Certains habitués préfèrent venir pendant la semaine, quand l'achalandage est moins important.

OÙ DORMIR ?

Trouver un hébergement de dernière minute à proximité relève du miracle. Surtout le week-end. Les rares hôtels du coin se remplissent des mois à l'avance. Une bonne solution : Shawinigan, qui possède une bonne offre d'hébergement. Les places de camping s'envolent aussi très vite.

Festival western de Saint-Tite
www.festivalwestern.com
418 365-7524

VISITE GUIDÉE

~~~~~~

Violaine Ballivy

Saint-Jean-Port-Joli

On connaît le village pour ses sculptures de bois emblématiques.
Il est aussi lieu de repos, de mémoire et de gourmandises...

La Queue de homard

C'est à l'initiative de deux jeunes femmes qui n'ont même pas 30 ans que la grange octogonale de Saint-Jean-Port-Joli s'est transformée en « shack à homard ». Chic shack, faut-il préciser, car la salle à manger y est des plus agréables et, même si le menu est sommaire, les classiques guédilles au homard et sandwichs au crabe sont franchement bons. Ouvert l'été. Fermeture de la cuisine : une heure après le coucher de soleil.

379, avenue de Gaspé Ouest,
Saint-Jean-Port-Joli, G0R 3G0
www.laqueuedehomard.com
418 291-9987 $

Le Moule à sucre

Gourmandises au rez-de-chaussée, métiers d'art à l'étage : on fera d'une pierre deux coups en s'arrêtant au Moule à sucre, cette grange ancestrale superbement rénovée en repaire d'épicuriens.

248, avenue de Gaspé Est,
Saint-Jean-Port-Joli, G0R 3G0
www.lemouleasucre.com
418 598-7828

Café Bonté Divine

Merveilleux cafés glacés, sans sucre ni sirop masquant la qualité de l'espresso utilisé. La maison de torréfaction compte maintenant trois adresses (à Lévis et à La Pocatière), mais c'est encore ici, à la maison mère, que l'on torréfie tous les jours les grains de café. Oui, l'odeur est irrésistible... sans parler de l'accueil et du local, ultra-invitants.

2, chemin du Roy Est,
Saint-Jean-Port-Joli, G0R 3G0
418 598-3330 $

La boulangerie Sibuet

On retrouve ici la spécialité culinaire – la tarte à la crème – d'une région plutôt méconnue de la France, l'Ain ! Et si délicieuse ! Il faut dire que Thibaud Sibuet l'a adaptée avec brio en débarquant au Québec, ajoutant du sucre d'érable en fin de cuisson à la recette traditionnelle de pâte briochée nappée de crème fraîche.

306, route de L'Église,
Saint-Jean-Port-Joli, G0R 3G0
418 598-7890 $

LE MOULE À SUCRE

Photos : Édouard Plante-Fréchette

AUBERGE LA BELLE ÉPOQUE

LA QUEUE DE HOMARD

Musée de la mémoire vivante

L'arrêt au Musée de la mémoire vivante ne devait durer qu'une trentaine de minutes : il en a duré plus de 120, qui ont filé comme l'éclair. L'établissement est l'un des secrets les mieux gardés de Saint-Jean-Port-Joli, un endroit où l'on a réussi le tour de force de rendre un concept intangible – les souvenirs – en passionnant sujet d'étude. Pour ce faire, on a recours, la belle idée, aux témoignages des habitants de la région. Une salle du rez-de-chaussée est consacrée à l'univers de la cuisine, l'autre aux jouets, où les objets anciens sont remis en contexte par les récits de ceux qui les ont utilisés jadis.

710, avenue de Gaspé Ouest,
Saint-Jean-Port-Joli, G0R 3G0
www.memoirevivante.org
418 358-0518

Auberge La belle Époque

Du sirop Lambert, des vitres, des vêtements : on vendait de tout à la « Belle Époque » dans le plus vaste magasin général de la région, construit en 1891. Or, si les marchandises ont disparu aujourd'hui, les lieux ont été remarquablement préservés et les 12 chambres ne manquent pas de boiseries et de meubles anciens.

63, avenue de Gaspé Est,
Saint-Jean-Port-Joli, G0R 3G0
www.auberge-labelleepoque.com
418 598-9905 **$$**

LE BATEAU IVRE

Photo : Alain Roberge

CES ÎLES QU'ON AIME BEAUCOUP

En vacances au Québec, il faut absolument côtoyer le fleuve Saint-Laurent. D'une façon ou d'une autre. Et qui dit fleuve dit îles. Ici, elles sont souvent un repaire d'amoureux de la nature. Toujours des endroits tranquilles, où il fait bon prendre son temps.

Photo : Bernard Brault

UNE NUIT SUR L'ÎLE AUX LIÈVRES

Marie-Christine Blais

Non, on ne rêve pas. On est bien dans une île incroyablement diversifiée et si belle. Il suffit d'en faire le tour...

En plein milieu du fleuve Saint-Laurent, à la hauteur de Rivière-du-Loup sur la rive sud et de Saint-Siméon sur la rive nord, l'île aux Lièvres et ses 13 km de long ont tellement à offrir aux amateurs :

a) de randonnée pédestre,

b) d'auberge,

c) de petit chalet,

d) de camping sauvage,

e) d'observation d'oiseaux,

f) de restauration de qualité,

g) de calme.

On s'y rend à partir de Rivière-du-Loup. L'embarquement se fait à l'heure dictée par la mer : c'est la marée qui établit les horaires ! On a le choix : soit une croisière (sans débarquement, autour des îles Les Pèlerins, de l'île aux Fraises ou de l'île du Pot à l'Eau-de-vie), soit une excursion pour faire de la randonnée quelques heures (à l'île aux Lièvres et à l'île du Pot), soit une ou deux nuitées sur place, pour dormir dans le phare de l'île du Pot ou dans l'un ou l'autre des hébergements proposés dans l'île aux Lièvres : auberge, maisonnette ou camping sauvage.

Quel que soit le programme prévu, une constante pendant la traversée : la beauté du fleuve et le nombre d'oiseaux qui ont élu domicile dans ou autour des îles, eiders à duvet, cormorans à aigrettes, guillemots à miroirs, marmettes de Troll, grands hérons, goélands...

Amalgame réussi entre nature sauvage et infrastructures contemporaines, l'île aux Lièvres est surtout une incroyable courtepointe d'écosystèmes, très diversifiés, même si l'île n'est vraiment pas grande !

En empruntant l'un de ses sentiers balisés discrètement pour ne pas dénaturer les lieux (le réseau compte 45 km), on se retrouve par exemple dans un véritable jardin de lichen, sur le plus haut sommet de l'île. On se croirait dans un aquarium en altitude tellement c'est beau et étrange.

En prenant plutôt le sentier du Campagnol, on traverse une forêt dense et odorante.

On choisit le sentier de la mer du côté nord de l'île ? S'y trouve une longue plage qui reçoit parfois des phoques, toujours des oiseaux, et où le coucher de soleil est tellement beau que ça se passe de mots.

Sur le sentier de la Corniche, on peut plutôt observer de haut la rive nord, avec parfois des bélugas au loin. Et au détour d'un sentier, on croise évidemment un lièvre ou deux !

OÙ DORMIR ?

Pour apprécier pleinement l'endroit, il faut y dormir. L'auberge a six chambres, et sa salle à manger propose une cuisine de style méditerranéenne. À noter : elle est destinée aux adultes, mais on y accepte les jeunes personnes de 10 ans et plus.

Il y a aussi quatre maisonnettes qui peuvent accueillir jusqu'à six personnes. C'est comme avoir son propre chalet – chauffé, s'il fait frais !

Pour le camping sauvage, on s'adresse aux vrais campeurs, ceux qui aiment avoir un terrain au sol aplani, une table de pique-nique et une «boîte à feu», voilà tout. En fait, c'est simple : plus on s'éloigne de l'embarcadère, de l'auberge et des maisonnettes, plus le camping est sauvage. Si on est près des infrastructures, il y a des douches, de l'eau potable et des toilettes. Si on en est loin, il y a des toilettes sèches et de l'eau brute.

Informations

Pionnière de l'écotourisme au Québec, la société Duvetnor est composée de biologistes et de partenaires régionaux qui ont restauré le phare historique de l'île du Pot, construit des hébergements dans l'île aux Lièvres, aménagé des sentiers, conçu des excursions autour des îles afin de les mettre en valeur, tout en respectant leur environnement. Pour financer ses activités, la société sans but lucratif fait la cueillette du duvet de canard dans les îles.

www.ileauxlievres.com
www.duvetnor.com
418 867-1660 $-$$

CHARLEVOIX

UN SAUT À L'ISLE-AUX-COUDRES

Stéphanie Morin

Photos : Édouard Plante-Fréchette

Son nom lui vient de la multitude de coudriers, un arbre à noisettes, qu'il y avait sur l'île au moment de sa découverte par... Jacques Cartier ! C'était à l'automne 1535. Aujourd'hui, on la regarde souvent de la rive. Erreur : lors d'un voyage dans Charlevoix, il faut absolument monter à bord du traversier, à Saint-Joseph-de-la-Rive, et faire un saut sur l'île. Vous avez votre vélo ? C'est encore mieux !

Quel sens emprunter pour effectuer le tour de l'île ? Tourner à droite ou tourner à gauche en haut du chemin de la Traverse ?

La question que se posent les cyclistes de passage n'est pas anodine. Sur ce bout de terre plantée en plein fleuve, les vents du large peuvent donner du fil à retordre. « En vélo, le vent est pire qu'une montagne. Une montagne, ça finit par

finir, lance Gilles Moisan, gérant du Centre Vélo-Coudres. Sur le côté sud de l'île, on longe le fleuve sur 10 km. Avec le vent qui nous pousse dans le dos, c'est très facile. Mais avec le vent en plein visage, par contre... »

Son conseil ? Si le vent vient de l'est, il faut faire le tour dans le sens horaire. S'il vient de l'ouest, c'est le contraire. Et les jours sans vent (il jure que ça arrive), le sens antihoraire reste le meilleur si on commence la virée depuis le traversier.

Si les vents dictent la direction de la balade, c'est la curiosité qui en détermine la distance. Si on reste sur le seul chemin des Coudriers, le tour de l'île s'étend sur 23 km. La moitié du parcours se fait à la hauteur du fleuve, quasiment sur ses berges ; le reste se passe dans les hauteurs du côté nord, avec les montagnes de Charlevoix comme toile de fond.

Plusieurs routes sans issue viennent toutefois s'ajouter à ce chemin de ceinture. Du coup, le parcours s'en trouve rallongé. L'effort est toutefois largement récompensé. C'est en parcourant ces culs-de-sac qu'on déniche certains des plus beaux points de vue – et des plus étranges monuments.

Sur la pointe du Bout d'en Bas (à l'extrémité du chemin du même nom) se dresse une étonnante statue de Notre-Dame, spectatrice silencieuse des levers de soleil. Pour les couchers de soleil, c'est au bout du chemin de L'Islet qu'il faut s'installer. Le chemin de la Bourroche s'étire quant à lui entre le fleuve et une rangée de belles – et parfois excentriques – demeures. C'est le lieu parfait pour observer les massifs montagneux charlevoisiens et suivre le va-et-vient du traversier.

C'est toutefois sur le chemin des Prairies que la nature se fait la plus généreuse. Et la plus sauvage. On longe coteaux fleuris, marais, forêt et rochers dénudés par la marée, en zigzaguant entre les escargots qui traversent le chemin de terre battue. C'est aussi d'ici qu'on voit le mieux le phare au large, le « bloc » comme l'appellent les Coudrilois.

Une petite incartade de la route principale à faire sans hésiter.

Photos : Édouard Plante-Fréchette

La boulangerie Bouchard

Une adresse incontournable pour découvrir les pâtés croches, une spécialité toute coudriloise. Outre ces chaussons à la viande en forme de demi-lune (à déguster impérativement avec du ketchup maison), on trouve ici brioches glacées, pets-de-sœur, tartes, pains, sandwichs et autres délices qu'on savoure sur la terrasse, le fleuve à ses pieds.

1648, chemin des Coudriers, L'Isle-aux-Coudres, G0A 1X0 418 438-2454 **$**

Le Cabaretier

Le lieu de rencontre des Coudrilois pure laine comme des « étrangers » venus du continent. Boîte à chansons, bar, restaurant, auberge festive, boutique de mode. Tous les prétextes sont bons pour s'y arrêter et échanger avec les proprios, véritables passionnés à l'énergie contagieuse. Coup de cœur assuré.

1064, chemin des Coudriers, L'Isle-aux-Coudres, G0A 3J0 418 438-1010

Centre Vélo-Coudres

Pas de vélo ? Ce n'est pas une raison suffisante pour se priver du bonheur de découvrir l'île sur deux roues. On peut louer ici vélo hybride, tandem (pour deux adultes ou pour un adulte et un enfant), quadricycle, remorque pour enfant et même mobylette. On offre gratuitement un service de navette entre le traversier et la boutique de location.

2926, chemin des Coudriers,
L'Isle-aux-Coudres, G0A 2A0
418 438-2118

Cidrerie Pedneault

On s'y pose pour refaire le plein de vitamines avec un bon jus de pomme ou pour se récompenser en fin de journée avec une mistelle de pomme, de prune ou de poire. À moins de pencher pour un cidre. De toute façon, on peut déguster avant de faire son choix ! Plusieurs produits du terroir charlevoisien sont aussi vendus à la boutique.

3384, chemin des Coudriers,
L'Isle-aux-Coudres, G0A 3J0
www.vergerspedneault.com
418 438-2365

ÎLES-DE-LA-MADELEINE

S'INSTALLER (UN PEU) AUX ÎLES

Violaine Ballivy

Il n'y a rien comme les Îles-de-la-Madeleine. Rien. C'est le calme, l'espace et l'accueil. L'air salin, l'air marin. Le pas compliqué. Tout ce qui fait qu'on y reviendra, dès qu'on quitte.

Pour bien prendre le pouls de l'endroit, rien de mieux que d'y louer une maison pour quelques jours. Une vraie maison des îles.

Il n'est pas bien difficile de reconnaître, aux Îles-de-la-Madeleine, quelqu'un venu de l'extérieur d'un natif de la place. Il suffit de regarder l'état de sa maison après un hiver ou deux ! L'architecture typique de ces si jolies maisons n'est pas une simple affaire de coquetterie, mais aussi de climat et de culture.

Portrait - en cinq mots - de maisons qui en disent long sur le mode de vie d'une communauté entière.

SIMPLICITÉ

Oubliez les manoirs et les constructions alambiquées, la maison des Îles est relativement petite, carrée ou légèrement rectangulaire (les dimensions classiques sont de 20 par 24 pieds de côté). Elle a un étage et demi, deux tout au plus. Les fenêtres sont symétriques et abondantes puisque les étages sont divisés en petites pièces nécessitant chacune une ouverture sur l'extérieur. Selon les époques et les influences (acadienne, normande ou américaine), le toit aura deux ou quatre côtés, parfois tronqués ou avec un pignon en façade. L'ornementation se limite généralement à l'ajout d'une galerie et de « corbeaux », ces petits ouvrages de bois faisant la liaison entre les piliers de la galerie et sa toiture, d'une couleur contrastant avec le reste de la maison. Les portes-fenêtres, ça ne cadre pas ici. Les clôtures sont rarissimes.

COULEUR

Les premières maisons des Îles-de-la-Madeleine auraient été décorées de teintes de vert, jaune ou rouge pour permettre aux pêcheurs de s'orienter plus facilement en mer. Et même sur la terre ferme, pourrait-on presque ajouter. « Il y a très peu de modèles de maisons différents et traditionnellement, les familles étaient regroupées avec le même nom, dans le même canton. La couleur était un atout pour se différencier du voisin », explique le designer madelinot Jean-Luc Turbide. Mais la mode des coloris vifs n'a pris son essor que dans les années 80, quand on a compris qu'elle plaisait beaucoup aux touristes. Et les touristes, ça fait rouler l'économie.

BOIS

Pas de brique, pas de vinyle, c'est en bois que l'on construit aux Îles-de-la-Madeleine... même si l'exploitation passée a vidé les maigres forêts et qu'il faut désormais tout importer. Le bardeau de cèdre se transporte bien et il est le champion de la résistance aux intempéries, grâce à son cloutage rapproché et l'enchevêtrement de ses plaquettes. Et après une tempête, on remplacera plus facilement un bardeau qu'une plaque entière de PVC.

VENT

Faut-il le rappeler ? Il n'est pas exceptionnel que les vents soufflent à près de 100 km/h aux Îles-de-la-Madeleine. De quoi faire tomber la pluie presque à l'horizontale, à lui donner la force de s'infiltrer dans les moindres interstices. Les portes s'ouvrent vers l'extérieur de la maison, plutôt que l'intérieur (pour éviter que le vent ne s'engouffre dans la maison), elles sont retenues par un ressort de métal. Les moulures des fenêtres, bien que jolies, servent surtout à assurer une meilleure isolation contre le vent et la pluie. Rien n'est laissé au hasard.

PAYSAGES

La maison traditionnelle s'intègre bien dans le paysage et, là encore, ce n'est pas qu'une question d'esthétisme et de sobriété. Elle sera plus à l'abri du vent si elle est construite sur le flanc d'une butte, que sur son sommet ou sur une falaise, bien que cette implantation ait gagné en popularité dernièrement. Il faut dire qu'à force de construire, l'espace se fait plus restreint et le défi, dans les prochaines années, sera de veiller à préserver une certaine unité.

OÙ DORMIR ? 🌙

L'hôtel de la Grave

Ce n'est plus vraiment un hôtel, puisqu'il est désormais loué en tout avec ses cinq chambres. Pour une grande famille, c'est la meilleure adresse, toute de blanc vêtue, à l'intérieur, et à quelques pas de la Grave, où l'on trouve boutiques et restos. On y loue aussi deux minuscules, mais charmants, pavillons dans la cour arrière. Parfait pour un voyage en amoureux.

930, chemin de la Grave,
Havre-Aubert, G9T 9C7
www.hoteldelagrave.com
418 937-4724 **$$$**

Le Domaine du Vieux Couvent

Adresse à considérer, le joli couvent transformé en hôtel confortable. Il vous faudra par contre votre voiture en tout temps. Table intéressante, vue formidable.

292, route 199, Havre-aux-Maisons, G4T 5A4
www.domaineduvieuxcouvent.com
418 969-2233 **$$-$$$**

OÙ MANGER ? 🍴

Café de la Grave

À Havre-Aubert, au Café de la Grave, pour l'ambiance sympathique dans cet ancien magasin général où la proprio et les habitués jouent de la musique à tout bout de champ. On se sent bien dès qu'on y passe la porte. Fermé l'hiver.

969, chemin de la Grave,
Havre-Aubert, G4T 9C8
$

Capitaine Gédéon

À L'Étang-du-Nord, chez l'intrigant Capitaine Gédéon. Le chef japonais Takanori Serikawa y sert un souper de style *kaiseki* d'une dizaine de services, mariant ingrédients japonais et produits de l'archipel. Sur réservation. Apportez votre vin et votre sens de l'étonnement.

1301, chemin de la Vernière,
L'Étang-du-Nord, G4T 3E9
418 986-5341 **$$**

HÔTEL DE LA C

DOMAINE DU VIEUX COU

CAPITAINE GÉD

Photos : Edouard Plante-Fréchette

ALLER AUX ÎLES EN BATEAU

On peut aller aux Îles en prenant le traversier de Souris, à l'Île-du-Prince-Édouard, ou tout simplement l'avion, avec Air Canada et Pascan. Pour une expérience inoubliable, il faut y aller en bateau.

Tous les vendredis après-midi, de la mi-juin à la fin septembre, le *CTMA Vacancier* quitte Montréal en direction des Îles, où il arrive le dimanche matin. Certaines croisières ont un thème (Le Québec gastronomique, Couleurs d'automne, etc.), mais l'itinéraire est toujours le même.

Dès l'embarquement, les passagers adoptent l'heure des Îles - une heure d'avance sur Montréal. L'accueil est chaleureux, et les membres de l'équipage sont presque tous originaires des Îles-de-la-Madeleine.

Pendant que défilent la tour de l'Horloge, le pont Jacques-Cartier, les îles Notre-Dame et Sainte-Hélène, le Stade olympique, l'archipel de Sorel-Tracy, etc., les passagers s'informent de la provenance des uns et des autres et s'amusent de l'exiguïté des cabines.

Tout au long de la croisière, on baigne dans une ambiance typiquement madelinienne, on mange divinement bien.

Le repas du soir est servi dans la salle à manger panoramique. Des musiciens des Îles sont à bord pour divertir les passagers et permettre à ceux qui le désirent de se dégourdir les jambes. La danse en ligne compte de nombreux adeptes.

Les paysages sont fabuleux. Avec un peu de chance, on peut même apercevoir des baleines.

ANDRÉE LEBEL

www.ctma.ca

CINQ ÎLES À VOIR AUSSI

L'ÎLE D'ORLÉANS

Située à 15 km de Québec, on y accède par le pont de l'île, à l'année.

POURQUOI Y ALLER ?

On n'a pas besoin de prétexte pour aller à l'île d'Orléans, belle quatre saisons. Mais si on devait choisir un moment chouchou pour s'y rendre, ça serait peut-être à la fin de l'été, ou au début de l'automne, saison des récoltes et des gourmands.

Car des gourmands, il y en a là. Beaucoup. Et c'est très plaisant de faire quelques arrêts chez le boulanger, le poissonnier, le vigneron. Au vignoble Sainte-Pétronille notamment, car l'excellent restaurant Panache de Québec y a installé une roulotte durant la saison chaude – ou pas trop froide ! On y prépare des plats simples et délicieux. Mais l'île d'Orléans, c'est aussi l'histoire. Alors il faut prendre le temps de mirer les bâtiments patrimoniaux, dont un nombre impressionnant de maisons incroyablement bien préservées.

Trop de choses à voir en une seule journée sans courir : on y passe la nuit ! On aime bien la petite Auberge Les Ancêtres. Jolie et intime.

Les Ancêtres
391, chemin Royal,
Saint-Pierre-de-l'Île-d'Orléans
G0A 4E0
www.lesancetres.ca
418 828-2718 **$$**

LES ÎLES DE BOUCHERVILLE

Elles sont situées tout près de Montréal. On atteint le parc national des Îles-de-Boucherville en passant par l'île Charron.

POURQUOI Y ALLER ?

Pour sortir de la ville – et rentrer pour souper ! C'est l'une des meilleures options plein air près de Montréal. Et c'est encore un endroit méconnu, même les week-ends, il n'y a pas foule. L'hiver, on y va pour faire de la raquette et du ski de fond. Les autres saisons, le grand bonheur est de louer un kayak, pour découvrir la faune marine.

À savoir : la société Navark propose des navettes fluviales entre Montréal, Longueuil et Boucherville, d'où on peut se rendre en bateau au parc national des Îles-de-Boucherville.

Tous les quais d'embarquement sont à proximité d'une piste cyclable. Celui de Montréal est situé dans le parc de la promenade Bellerive, à l'intersection de la rue Notre-Dame et de l'avenue Mercier, à l'est du tunnel Louis-H. La Fontaine. Il est facile d'accès par la piste cyclable qui longe la rue Notre-Dame.

ANDRÉE LEBEL

www.navark.ca
www.sepaq.com

L'ÎLE VERTE

Située dans le Bas-du-Fleuve, entre Cacouna et Trois-Pistoles. On s'y rend en bateau-taxi, de mai à novembre. L'hiver, on rejoint l'île en motoneige, ou même à pied, grâce au pont de glace. Lorsque la glace n'est pas assez solide, on s'y rend en hélicoptère. Et une fois par année, on marche dans la boue...

POURQUOI Y ALLER ?

Pour la traversée de la bouette.

Vous serez sales, mais heureux. Une fois par an, l'été, près de 500 personnes profitent d'une marée extrêmement basse pour rejoindre l'île Verte à pied. Un trajet de 4 km, qui sera bien vite recouvert par 4 mètres d'eau. L'idée : imiter les insulaires qui, avant l'arrivée du traversier, n'avaient pas d'autre option pour faire traverser leurs animaux, voitures et marchandises.

Première consigne : lacez solidement vos souliers, sinon, la vase va les aspirer. L'eau atteint d'abord les chevilles, puis les genoux des marcheurs. Ils doivent piétiner les herbes salées, escalader les roches de l'île Ronde, braver l'eau froide du chenal, les algues et le fond vaseux du fleuve. Sur le quai de l'île, des poubelles remplies d'eau les attendent, parce qu'il faut bien se « débouetter ».

Bonheur alternatif pour ceux qui craignent moins le froid que la saleté, en février, on traverse le pont de glace en groupe, à la lueur des flambeaux. Le tout se solde par un concours de desserts.

Il y a beaucoup d'options hébergement sur l'île. Notre recommandation : les charmantes maisons du phare, le plus ancien du Québec.
MARIE-CLAUDE MALBOEUF

Station du phare de l'île Verte
2802, route du Phare,
Notre-Dame-des-Sept-Douleurs,
G0I 1K0
www.phareileverte.com
418 898-2730 $-$$

www.labouette.com
www.ileverte-tourisme.com

Photo : Ivanoh Demers

L'ÎLE D'ANTICOSTI

Située sur la Côte-Nord, face à Havre-Saint-Pierre. On se rend sur la plus grande île du Québec par bateau ou plus simplement, en avion.

POURQUOI Y ALLER ?

Pour la pêche, la chasse ou la sainte paix.

Une grande partie du charme d'Anticosti tient à sa tranquillité, voire son isolement. L'île fait rêver depuis bien avant l'arrivée du milliardaire Henri Menier, qui a acheté Anticosti en 1895 pour en faire son terrain de chasse privé. C'est ce dernier qui a introduit dans l'île les premiers cerfs de Virginie : 150 têtes en 1897. Aujourd'hui, on estime qu'il y a plus de 160 000 cerfs à Anticosti. Ils sont en si grand nombre qu'ils ont modifié la flore de l'île, provoqué l'extinction des ours (à qui ils n'ont laissé aucun petit fruit à manger) et développé un comportement diurne unique pour leur espèce, qui les fait gambader en plein soleil, comme s'ils n'avaient aucun prédateur. Ce qui est le cas, hormis en période de chasse.

Et les humains ? Pas plus de 250 à y résider à l'année.

Anticosti a toujours conservé son étiquette d'éden éloigné. Vrai, y accéder est compliqué... et pas donné. Les possibilités d'entrée sont limitées : transport aérien de Montréal, Québec ou Mont-Joli ; traversier de Sept-Îles ou Havre-Saint-Pierre. Et une fois sur place, il faut louer un camion si on veut parcourir les routes de gravier qui sillonnent le territoire, 17 fois plus grand que l'île de Montréal.

Une vérité demeure toutefois : une semaine ne suffit pas pour voir l'île d'un bout à l'autre. Les routes en gravier allongent les trajets entre les falaises de calcaire du nord et les plages aux milles fossiles du sud. Ses nombreuses épaves (l'île est surnommée le cimetière du Golfe), ses phares abandonnés, ses 24 rivières à saumons et ses 125 km de randonnée en bord de mer ou de rivières exigent plus d'un voyage...

STÉPHANIE MORIN
www.sepaq.com

L'ISLE-AUX-GRUES

Petite île d'à peine 7 km de long, face à
Montmagny. On s'y rend en traversier
d'avril à novembre de Montmagny, en
25 minutes ; par les airs le reste de l'année
avec Air Montmagny.

POURQUOI Y ALLER ?

Pour la traditionnelle fête de la mi-carême
que l'on célèbre toujours en mars.

Peu d'endroits célèbrent la mi-carême, au
Québec : Fatima, aux Îles-de-la-Madeleine,
et Natashquan... À l'Isle-aux-Grues, la fête
a presque disparu dans les années 70, avant
de trouver un souffle nouveau au début
des années 00.

Il ne faut pas confondre mi-carême et
Halloween. La première est une affaire
de grands, qui fêtent une semaine durant,
parfois jusqu'à l'aube. Le samedi soir, la
fête atteint son apogée. C'est le jour où
le plus de gens étrennent leurs créations
vestimentaires.

Si les insulaires prennent plaisir à essayer
de démasquer leurs voisins et amis, pour
les touristes, le plaisir est ailleurs. On ne
peut pas s'inviter dans la cuisine d'un
particulier ! Pour profiter du spectacle et
de l'effervescence, l'idéal est de souper à
l'auberge des Dunes avant de migrer vers
la Volière. Les mi-carêmes y passent en fin
de parcours. Et entre chaque groupe, le
plancher se transforme en piste de danse.

Mais si vous y êtes en été pour y faire une
balade, il faut absolument faire une halte
à la célèbre fromagerie de l'île, le cœur
économique de l'endroit. Les Riopelle,
Mi-Carême, la tomme de Grosse-Île sont
parfaits pour votre pique-nique, et le
vieux cheddar, pour rapporter à la maison.

STÉPHANIE MORIN
www.isle-aux-grues.com

Nathaëlle Morissette

Rivière-du-Loup

Avec ses couchers de soleil parmi les plus beaux du monde, la mer, ses maisons ancestrales et ses bonnes tables, la réputation du Bas-Saint-Laurent comme destination vacances n'est plus à faire. Les villes et villages que compte la région valent tous la peine d'être visités. Et il ne faut pas oublier Rivière-du-Loup...

Le Café de la Brûlerie de l'Est

À la fois maison de torréfaction et resto. La Brûlerie offre des grains de café provenant de plusieurs pays, des mélanges maison, du café équitable et bio... Les plus gourmands doivent absolument se laisser tenter par les carrés aux dattes et le pain aux bananes.

419, rue Lafontaine,
Rivière-du-Loup, G5R 3B6
418 862-1616 $

La P'tite Gare

Un bar en plein air, un palmier, des chaises Adirondack installées autour d'un foyer au gaz : voilà le décor de La P'tite Gare. Situé dans la cour d'un restaurant, ce bar permet de prendre un verre à l'extérieur... sans se geler le bout des doigts. Comme les soirées louperivoises sont souvent fraîches, des lampes chauffantes ont été installées à proximité du bar...

407, rue Lafontaine , Rivière-du-Loup
(derrière le bistro L'Intercolonial),
G5R 3B6
418 862-3321 $

Le parc des Chutes

En plein cœur de la ville. L'endroit, qui abrite une chute de 33 mètres de hauteur, donne la possibilité aux visiteurs de s'adonner à la randonnée pédestre, hiver comme été, ou encore de faire un pique-nique. Des panneaux d'interprétation ont été installés un peu partout pour permettre aux curieux d'en apprendre davantage sur les différents écosystèmes. Sur place, on n'entend que le bruit de la chute qui se jette dans la rivière du Loup. Détente assurée.

www.ville.riviere-du-loup.qc.ca

Bis la Boulange

Derrière son comptoir garni de croissants, de brioches salées ou sucrées, de pains au levain, la boulangère de Bis vous accueille, le sourire aux lèvres et les mains recouvertes de farine. Tout comme les viennoiseries, les quiches et les sandwichs peuvent être consommés sur place, à l'intérieur de la boutique ou sur la petite terrasse donnant sur le fleuve.

48B, rue Fraser (route 132),
Rivière-du-Loup, G5R 1C2
www.bislaboulange.com
418 863-6777 $

Le Manoir seigneurial Fraser

Construite en 1830, cette superbe demeure permet de faire un véritable voyage dans le temps. Le manoir, converti en musée, nous plonge dans la vie des quatre générations de Fraser qui l'ont habité. Meubles d'époque, tapisseries, vaisselle : cette résidence semble être restée figée dans le temps.

32, rue Fraser, Rivière-du-Loup, G5R 3Z1
www.manoirfraser.com
418 867-3906

Le Symposium resto-boutique

Ce restaurant a pignon sur rue en plein centre-ville. La morue poêlée accompagnée d'une purée de courge Butternut vaut à elle seule la visite. Le menu offre une variété de plats de poissons grillés. Si jamais la chaise sur laquelle vous mangez ou encore la fourchette avec laquelle vous dégustez votre plat vous intéresse, il est possible de les acheter : de l'ameublement aux toiles en passant par la coutellerie, tous les articles sont à vendre !

364, rue Lafontaine,
Rivière-du-Loup, G5R 3B3
www.symposiumresto.com
418 860-4825 $$

Au Boucaneux

Qui dit Bas-Saint-Laurent dit poissons et fruits de mer. Et pour les déguster, rien de mieux que de le faire en admirant le fleuve. Le Boucaneux, situé au bord de l'eau près du quai d'embarquement pour le traversier vers Saint-Siméon, est un petit restaurant saisonnier (ouvert de la mi-mai à la mi-septembre) qui offre chaque jour du homard frais. À essayer : le club homard ou encore le pain salade au homard.

210, rue Mackay,
Rivière-du-Loup, G5R 3Y9
www.leboucanneux.com
418 867-4733 $-$$

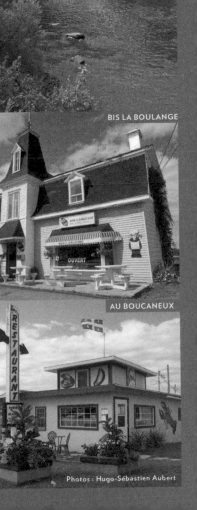

BIS LA BOULANGE

AU BOUCANEUX

Photos : Hugo-Sébastien Aubert

Photo : Martin Leblanc

DÉCOUVRIR LA CÔTE-NORD

C'est bien loin, mais c'est aussi un peu ce qui fait son attrait : il faut être déterminé pour aller sur la Côte-Nord, mais tous ceux qui y sont allés sont tombés sous le charme de cet endroit encore (un peu) sauvage.

LA BASSE-CÔTE-NORD

DE VILLAGE EN VILLAGE

Pierre-Marc Durivage

Les cabines de la première classe, car il y en a une, sont assez simples. Et il n'y a ni piscine à débordement ni cellier rempli de grands crus à bord. Et pourtant, le *Bella-Desgagnés* propose une croisière unique. Une croisière qui fait voir le Québec sous un nouveau jour, de Rimouski à Natashquan ou Blanc-Sablon, avec des arrêts un peu partout sur la Basse-Côte-Nord et ses villages inaccessibles autrement. Le temps passé en escale à chaque village varie – il peut être très court et les passagers doivent parfois se lever aux aurores pour sortir sur la terre ferme. Carnet de bord.

Kegaska
155 habitants

La jolie petite église anglicane St. Philip est tout près du quai et sa porte est ouverte en tout temps. À travers la grande fenêtre, derrière l'autel, on peut voir les colorés bateaux de pêche qui naviguent dans le port. Unique. En repartant vers Natashquan, on aperçoit les restes de l'épave du *Brion*, un cargo qui s'est échoué près du village en 1976. Un sentier y mène.

La Romaine-Unamen Shipu
1050 habitants

L'un des rares villages que l'on peut vraiment visiter pendant l'escale du *Bella-Desgagnés*. On peut notamment prendre le temps d'y visiter l'église Marie Reine-des-Indiens, qui abrite un autel inusité fait en peau de caribou, un bel exemple du mariage des traditions innues et catholiques.

La Tabatière
500 habitants

À quelques minutes à pied du quai, on peut gravir le court sentier Priest's Hill pour avoir un joli coup d'œil des environs. Si le temps le permet, il faut découvrir le pittoresque village de pêcheurs de Mutton Bay, à 9 km de là.

Informations sur la croisière :
www.groupedesgagnes.com

Photos : Hugo-Sébastien Aubert

Harrington Harbour
300 habitants

C'est là qu'a été tourné le film *La Grande séduction*. Pas de rues, que des trottoirs de bois. Le petit hameau mérite amplement sa place parmi les plus beaux villages du Québec. On peut notamment y visiter le Centre d'interprétation de la maison Rowsell, qui présente le patrimoine culturel et naturel de la petite municipalité anglophone.

Tête-à-la-Baleine
250 habitants

Les habitants de ce petit village francophone ont toujours l'habitude de passer la belle saison au large, loin des mouches noires, principalement dans l'île de la Providence. Une courte excursion en hors-bord permet de découvrir la ravissante chapelle Sainte-Anne, la plus ancienne de la Basse-Côte-Nord (1895). On peut même y séjourner, car le presbytère a été transformé en accueillant gîte du passant!

Saint-Augustin/Pakuashipi
1150 habitants

Le village anglophone et la communauté innue voisine sont nichés de part et d'autre de la rivière Saint-Augustin, cachés derrière les innombrables îles des Rigolets. Ils sont trop loin du quai pour qu'on s'y rende pendant l'escale, mais on peut avoir un panorama des deux villages en parcourant le sentier de Pointe-à-la-Truite, dont le départ est à proximité du quai.

Blanc-Sablon
1280 habitants

C'est le centre administratif de la Basse-Côte-Nord. De là, on peut reprendre la route et se rendre au Labrador, à Terre-Neuve ou dans les quelques villages que l'on trouve à l'ouest sur un court, mais époustouflant tronçon de la route 138. Pour les croisiéristes en escale, il est possible de faire un tour guidé en autobus permettant notamment de découvrir les chutes Brador et la promenade de Notre-Dame-de-Lourdes.

NATASHQUAN

LE VILLAGE
QU'IL FAUT AVOIR VU
UNE FOIS DANS SA VIE

Pierre-Marc Durivage

Le message de bienvenue inscrit sur la petite maison bleue à l'entrée du village donne le ton. Ici, on se laisse guider par le vent et les flots bleus de la mer. On est à des années-lumière du stress urbain. Et ça fait du bien.

La plage de Natashquan est l'une des plus agréables de la Côte-Nord. Profitant de l'apport en eaux tempérées de la Petite et de la Grande rivière Natashquan, on peut s'y baigner en été. Par journée de bon vent, il n'est pas rare de voir des adeptes de *kitesurf* venir d'aussi loin que Sept-Îles pour pratiquer leur sport favori.

Photos : Hugo-Sébastien Aubert

C'est dans cette maison qu'est né et qui a grandi Gilles Vigneault. Elle appartient aujourd'hui à la Fondation du patrimoine de Gilles Vigneault, qui compte la restaurer pour la transformer en musée en l'honneur du poète québécois.

Les endroits au Québec où l'on peut prendre un verre sur une terrasse donnant sur une immense plage de sable fin sont assez rares merci! C'est le cas du bistro L'Échouerie, sympathique petit troquet situé tout à côté des Galets. Plusieurs artistes de la scène culturelle québécoise se rendent au bout de la 138 pour s'y produire pendant la belle saison et ainsi profiter de son charme unique.

Photos : Martin Leblanc

LA MINGANIE, RENCONTRE AVEC LES BALEINES

Stéphanie Morin

En 1979, le biologiste Richard Sears a fondé le premier centre de recherche de la planète consacré à l'étude à long terme du plus grand mammifère du globe : le rorqual bleu.

Le centre est à Longue-Pointe-de-Mingan qui se trouve à 175 km à l'est de Sept-Îles et 1100 km de Montréal par la route 138. Aujourd'hui, la Station de recherche des îles Mingan a étendu son champ d'études à toutes les baleines à fanons qui nagent dans le golfe du Saint-Laurent.

Pour financer ses recherches, la station invite le grand public à participer aux virées en mer pour voir de près les géants des mers et partager le savoir des biologistes qui les étudient.

Des sorties d'une journée sont proposées. Rien à voir toutefois avec l'observation de baleines comme on la fait à Tadoussac ou à Cape Cod. Le départ se fait à 7h30. Le retour ? On ne sait jamais à l'avance, mais il n'est pas rare que les bateaux restent sur l'eau après 17h. Dix heures à bord d'un pneumatique long de sept mètres, sans escale. On prend le lunch (non fourni) sur l'eau. Les pauses pipi ? Par-dessus bord. Pied marin essentiel...

Pour les vrais fanas, la station offre aussi des stages d'une semaine, pendant lesquels on peut observer les activités de recherche (et même y participer), tant en mer que sur terre : prise de notes, appariement de photos, biopsie pour déterminer le sexe ou le taux de produits toxiques dans la chair des animaux, collecte de matière organique.

www.rorqual.com

OÙ DORMIR ? ☾

Gîte la Chicoutée

Un gîte comme on les aime : des propriétaires très accueillants, cinq chambres coquettes, un grand balcon qui fait face à la mer pour prolonger les soirées. Et des petits-déjeuners aussi bons que variés : crêpe aux bananes flambées, pain aux légumes, œuf dans un bagel, gaufre avec montagne de fruits.

198, rue de la Mer,
Longue-Pointe-de-Mingan, G0G 1V0
www.chicoutee.com
418 949-0030 **$**

OÙ MANGER ? 🍴

Chez Nat

Pour manger rapidos, il y a la cantine Chez Nat, installée dans un ancien camion de la poste transformé en stand à frites.

1045, chemin du Roi,
Longue-Pointe-de-Mingan, G0G 1V0
418 949-2634 **$**

Café-bistro Le Phare

Pour un repas plus élaboré, le café-bistro Le Phare propose poisson grillé, salades, crêpes et pâtes aux fruits de mer. Petite terrasse face à la mer.

152, rue de la Mer,
Longue-Pointe-de-Mingan, G0G 1V0
418 949-2302 **$**

QUOI FAIRE ?

Si les pneumatiques de la station restent à quai, ça ne signifie pas que toute sortie en mer est impossible. Souvent, les croisières dans le secteur ouest de la réserve du parc national de l'Archipel-de-Mingan sont maintenues. Ces virées dans des eaux moins exposées comportent deux escales d'une heure pour découvrir, en compagnie de guides naturalistes de Parcs Canada, l'île aux Perroquets et l'île Nue. La première est réputée pour sa colonie de macareux et son phare. La seconde affiche un décor complètement différent : monolithes de calcaire, lande couverte de plantes rabougries, platier rocheux qui se découvre par marée basse. Deux familles (les Vibert et les Loiselle) offrent des croisières similaires.

VISITE GUIDÉE

Stéphanie Morin

Sept-Îles

La nature n'est jamais loin. Et les Septiliens en profitent, comme ils profitent des restaurants et bistros qui poussent dans cette ville en pleine expansion.

Casse-croûte du Pêcheur

Avec sa terrasse couverte installée dans une cage à homards géante, ce casse-croûte est devenu le restaurant emblématique de la ville. Le midi, la file est longue pour commander guédille aux crevettes, club sandwich au crabe ou pâtés aux fruits de mer. Les plats sont frais et savoureux, le décor est sympathique et la cage à homard couverte de plexi protège les dîneurs des vents du large. Incontournable.

4, rue Maltais, Sept-îles, G4R 5J6
www.cassecroutepecheur.com
418 968-6411 **$**

Chez Edgar

Dans la rue qui borde la mer, ce sympathique café-bar propose une formule tapas aux accents du terroir québécois : des fromages fins, des rillettes, du saucisson, des gelées maison. Pour accompagner le tout : des bières de microbrasseries, du cidre, du vin. Gros coup de cœur.

490, avenue Arnaud,
Sept-îles, G4R 3B4
418 968-6789 **$**

Les Terrasses du Capitaine

Restaurant chouchou des Septiliens pour un souper aux saveurs de la mer. On y trouve une vaste sélection de poissons et fruits de mer d'une fraîcheur irréprochable, servis sans fla-fla.

295, avenue Arnaud, Sept-îles, G4R 3A7
418 961-2535 **$$**

Pub Saint-Marc

Sur la seule terrasse chauffée de la ville, dominée par un vieil érable, on peut déguster un menu bistro classique : moules, hamburgers, grillades, tartares. On a craqué pour les frites allumettes, croustillantes à souhait, et pour le panier plein de doudous multicolores qu'on prête aux clients pour affronter les soirées froides.

588, avenue Brochu, Sept-îles, G4R 2X3
418 962-7770 **$**

Le Chaudron

On y va pour les petits-déjeuners copieux et le meilleur café au lait de Sept-Îles. Une heureuse solution de rechange aux Tim Hortons où les Septiliens boivent leur café (chaud) avec une paille. Une particularité héritée des camionneurs, dit-on.

72, rue Napoléon, Sept-îles, G4R 3L2
418 962-2113 **$**

CASSE-CROÛTE DU PÊCHEUR

LES PLAGES DE LA CÔTE-NORD

Stéphanie Morin

L'équation Sept-Îles et plages ne vient pas naturellement à l'esprit de ceux qui n'ont jamais mis les pieds sur la Côte-Nord. Pourtant, la ville est ceinturée par des kilomètres de plage. À l'est du centre-ville, la lisière sablonneuse s'étend à perte de vue. Même chose à l'ouest. Le sable est fin et blond : de la matière première parfaite pour des châteaux... Et, bien sûr, ce ne sont pas des cocotiers qui bordent la mer, mais des bouleaux ou des épinettes.

L'eau ? Oui, elle est froide ; autour de 10 °C. Rien pour empêcher les enfants de s'y tremper jusqu'au cou (et les adultes jusqu'aux genoux).

À marée basse, les plus petits pataugent sans risque dans la lagune qui se forme le long de la plage Monaghan, l'une des plus fréquentées de la ville. Lors des journées chaudes, les Septiliens s'y réunissent par dizaines pour profiter de l'air salin du golfe du Saint-Laurent, tellement large, ici, qu'on dirait la mer. Le lieu est tout indiqué pour les longues promenades. Et même au plus fort de l'été, on peut aisément trouver un coin isolé pour dérouler sa serviette, voire planter sa tente pour une nuit au bruit des vagues. Tranquillité assurée. Aucun risque ici de se faire marcher sur les pieds...

Pour plus d'animation, il faut mettre le cap sur la promenade du Vieux-Quai. Le long trottoir bétonné qui borde la marina grouille de vie, surtout en soirée, lorsque le soleil décline. Les promeneurs sont nombreux à observer la baie dans le couchant. Le jour, les enfants s'amusent dans les jeux d'eau. Des artisans exposent leurs œuvres dans de petites cabanes de bois. Sous le chapiteau jaune érigé dans le parc du Vieux-Quai, des spectacles gratuits sont présentés jusqu'à la mi-août.

Comme partout dans cette ville, les grandes industries font partie intégrante du décor. L'usine de la société minière IOC, plantée à l'entrée du secteur des plages, tranche avec le paysage maritime. De l'autre côté de la baie de Sept-Îles, sur la presqu'île Marconi, c'est la gigantesque aluminerie Alouette qui se dresse. L'été, on peut d'ailleurs visiter l'usine pour découvrir les différentes étapes de fabrication de l'aluminium.

Les croisières dans l'archipel de la baie (composé de six îles et d'un groupe d'îlots) permettent aussi de voguer entre activité industrielle et beauté naturelle.

On y voit notamment l'île La Grosse Boule où l'on cultive des moules bleues et l'île du Corossol, un refuge pour petits pingouins, cormorans, eiders et goélands.

De toutes les îles de l'archipel, seule La Grande Basque est aménagée pour accueillir les visiteurs. Onze kilomètres de sentiers de randonnée traversent l'île de part en part. Des activités d'interprétation sur la géologie, la biologie marine ou l'ornithologie sont offertes. On peut aussi y camper.

Ici aussi, la tranquillité est assurée...

Photos : Martin Leblanc

Photo : André Pichette

TOUT LE MONDE EN CAMPING

Pour se ressourcer. Pour des vacances moins chères. Pour la nature, incluant les moustiques et autres bibittes sauvages, plus ou moins grosses. Pour l'aventure, le feu de camp et les guimauves. Pour la proximité qu'il y a dans une tente, comme nulle part ailleurs, et qui fait de si beaux souvenirs de famille. Il y a mille raisons d'opter pour le camping. Et probablement autant d'endroits où camper au Québec.

Photo : Patrick Sanfaçon

LE PARC D'AIGUEBELLE

Sara Champagne

C'est rare en bibitte. Il faut chercher des kilomètres à la ronde pour trouver. Et encore. Les campings sont nombreux en Abitibi, mais celui-ci est une vraie manne. Tout simplement parce qu'il n'y a pas de quatre-roues pour casser les oreilles des visiteurs du camping Abéjévis, du parc d'Aiguebelle

Quand le ciel est clair et que la lune est pleine, quand le fond de l'air est doux et que les conifères se jettent dans la lune, le lac devient miroir.

C'est vrai, ce n'est pas à la porte. Il faut traverser la réserve faunique La Vérendrye pour y parvenir. En tout, un trajet de plus de 500 km à partir de Montréal. Et il faut se préparer à rencontrer des orignaux et des ours en chemin.

C'est vrai que la route est éreintante, mais on n'a pas croisé de bêtes dans le parc. Seulement quelques camionneurs pressés. Il y a aussi ce décor renversant, composé de conifères foncés et d'arbres à écorce blanche, un tableau rappelant ceux du Groupe des Sept.

La route vaut le coup. Et le camping, encore plus.

Le matin, au réveil, le chant des oiseaux marque le tempo. Un écureuil taquine les orteils sous la table à pique-nique. Le calendrier des activités est impressionnant. Il tourne autour de la randonnée pédestre. Il y a aussi la baignade et le canot. Le kayak de mer et l'archéologie. Il y a la pêche, encore. C'est un heureux casse-tête de choisir.

Et il y a le sentier La Traverse, conduisant à une passerelle suspendue au-dessus du lac La Haie. L'équipe du parc s'entend pour dire que de ne pas y aller serait comme d'aller à Paris et de ne pas voir la tour Eiffel. On peut y aller en marchant ou par l'eau. Ou faire les deux.

Le lac La Haie file directement sous la passerelle. Il faut marcher 1 km, et ensuite pagayer sur l'autre lac. On parle d'environ 7 km aller-retour. Une grosse journée.

Sous la passerelle, on reçoit un avertissement d'une famille qui fait la fierté du parc d'Aiguebelle : des faucons pèlerins. Ils nichent dans la paroi rocheuse depuis quelques années. Il faut donc pagayer en silence pour ne pas les déranger.

On accède à l'autre rive après une bonne heure d'effort. Il y a un quai pour un pique-nique improvisé. Sur le sentier conduisant à l'autre lac, on tombe sur une carcasse de cerf en décomposition. Il y a des loups dans le secteur. Mais la meute est en santé, donc pas intéressée par les humains, dit-on.

Le soleil se rapproche de l'horizon. Il ne fait ni froid ni chaud. On rame aussi sur le lac Sault. Un autre écosystème, marécageux aux abords, avec des escarpements pour les adeptes du trekking. Le silence est la récompense de la journée. Sur le chemin du retour, on entend le vent dans les branches. La lune revient, plus pleine que la veille.

On a bientôt rendez-vous avec les conifères dans la lune du lac Matissard.

Parc national d'Aiguebelle
12 373, route d'Aiguebelle,
Rouyn-Noranda, J0Z 2Y0
www.sepaq.com
819 637-7322

À SAVOIR

Il y a 50 km de sentiers aménagés pour la randonnée pédestre dans le parc d'Aiguebelle. Les plus expérimentés peuvent emprunter les sentiers L'Aventurier ou Les Versants, des parcours de 9,5 et 11 km, qui mènent au sommet des collines du lac La Haie et sur les escarpements rocheux du lac Sault. Il y a aussi le Jardin Secret pour les enfants, une visite de sous-bois sur un parcours de 1,5 km.

www.sepaq.com

À FAIRE

Pour comprendre les origines de l'Abitibi-Témiscamingue, il faut faire un détour par Rouyn-Noranda et visiter le magasin général de Joe Dumulon. On y apprend comment la ville est devenue la capitale du cuivre, avec la naissance de la première mine sur les rives du lac Osisko. Il y a aussi l'église orthodoxe russe Saint-Georges pour mieux connaître la vie des immigrants arrivés ici de 1930 à 1960.

Magasin général Dumulon
191, avenue du Lac,
Rouyn-Noranda, J9X 4N7
www.maison-dumulon.ca
819 797-7125

Photo : Patrick Sanfaçon

LE PARC DU MONT-TREMBLANT

Sara Champagne

Plus près de Montréal, le grand parc du Mont-Tremblant offre plusieurs services aux campeurs, à toutes sortes de campeurs. Rencontre avec la nature.

L'été, les nuits sont fraîches, malgré la chaleur torride du jour dans les Laurentides.

Le camping L'Ours est situé dans le secteur de la rivière de la Diable, l'un des plus animés du parc national du Mont-Tremblant. Il accueille surtout les campeurs sous la tente. La réserve a une superficie imposante de 1510 kilomètres carrés. Les amateurs de camping sauvage trouvent leur compte plus au centre, aux campings du lac Escalier ou du lac des Sables, autant que ceux qui aiment le luxe en nature : chalet, tente huttopia prêt-à-camper ou yourte.

Mont-Tremblant offre des forfaits complets de canot-camping, comprenant même le transport en autobus des campeurs et embarcations. On peut choisir de camper une, deux ou trois nuits. Plusieurs parcours sont offerts : lacs Rossi, de la Savane ou Escalier, ou sur le lac L'Assomption.

Il y a une trentaine de mammifères dans le parc. Le loup en est l'emblème. Il a tout l'espace nécessaire pour chasser, c'est un habitacle idéal pour lui.

On est à cent mille lieues de Montréal et du tourbillon de la ville. L'endroit n'est pourtant qu'à une heure trente de route. Pas de doute, le parc du Mont-Tremblant est un caméléon, sachant se colorer selon les caprices de la nature et de ses campeurs citadins.

Parc national du Mont-Tremblant – accueil de la Diable
3824, chemin du Lac-Supérieur,
Lac-Supérieur, J0T 1P0
www.sepaq.com
819 688-2281

Photo : Hugo-Sébastien Aubert

À FAIRE

Escalade via ferrata

C'est l'activité-vedette. Il s'agit d'un parcours d'escalade le long de la paroi de la Vache noire, à l'entrée du secteur de la Diable, en compagnie d'un guide professionnel. Évidemment, il ne faut pas avoir le vertige et être moyennement en forme pour escalader les 200 mètres d'altitude. Trois niveaux sont offerts : débutant, intermédiaire, expert. Les jeunes de moins de 16 ans doivent être accompagnés d'un adulte. Réservations recommandées.

Excursion sur les méandres de la Diable

Le départ a lieu le matin, en compagnie d'un garde-parc naturaliste. On y explique les fondements du parc, de ses quelque 400 lacs, et les particularités de la rivière de la Diable, avant de s'engager dans une descente en canot d'environ 7 kilomètres, entre le lac Chat et le mont de la Vache noire. Le parc offre plusieurs excursions nautiques, dont une au crépuscule et une autre en kayak de mer.

Baignade et randonnée

Le parc du Mont-Tremblant est formidable pour une journée de randonnée pédestre couronnée par la baignade. Les plages sont de sable fin. Il y a deux plages surveillées en été : la Crémaillère au lac Monroe (secteur de la Diable) et la plage du lac Provost (secteur Pimbina). Mais le parc offre plusieurs plages et lieux de baignade sauvages. Au camping du lac Escalier, par exemple, plusieurs terrains donnent directement sur la plage.

PRÊT-À-CAMPER

L'appel de la nature se fait sentir par à peu près tout le monde, mais pas avec la même intensité.

Au Québec la Société des établissements de plein air du Québec (SEPAQ) a bien saisi qu'une certaine clientèle veut faire du camping, mais pas à la dure. Pour ces campeurs douillets, elle multiplie les options prêt-à-camper dans les parcs et les réserves fauniques. Les tentes tout équipées Huttopia et Hekipia peuvent loger six personnes, dont quatre adultes. Il y en a dans 16 parcs nationaux, mais il faut les réserver à l'avance, parfois des mois avant le séjour pour les périodes de forts achalandages. Plusieurs parcs offrent aussi des chalets confortables. C'est assez génial pour les touristes internationaux, qui voyagent léger (lire ici sans tente !) ou pour les voyageurs qui se déplacent en train ou en bus.

www.sepaq.com

CAMPING TOUT INCLUS
Nathaëlle Morissette

Une autre option pour les campeurs du dimanche : le véhicule récréatif... sur place ! C'est parfait pour une escapade en famille, car l'idée de dormir dans un gros «camion-maison» va plaire à plusieurs enfants. Et pour les grands qui ne possèdent pas de VR, c'est un peu aussi assouvir un rêve de petit. Car qui n'a pas envié, un jour ou l'autre, les voisins qui partaient pour les grandes vacances en tente-roulotte ?

Conduire un mastodonte aussi gros qu'un autobus. Faire son entrée dans un terrain de camping en ayant peur de tout accrocher sur son passage. Brancher l'électricité, l'eau et les toilettes. Non, merci.

Par contre, arriver sur place avec une seule petite voiture et poser ses valises dans un véhicule récréatif déjà installé, avec vaisselle et parfois même literie, voilà une option séduisante. Surtout si l'on souhaite profiter du camping l'automne, jusqu'au week-end de l'Action de grâce. Exit la conduite stressante, la montagne de bagages et la peur des intempéries. Bienvenue dans un VR tout inclus.

Ce concept est offert dans une centaine de terrains de camping au Québec, dont le sympathique camping de Compton.

Dans ce terrain des Cantons-de-l'Est, situé tout près du village de Compton, chaque véhicule est équipé de vaisselle, de casseroles et même d'un écran de télévision.

L'endroit est parfait pour les enfants : parc, carré de sable, jeux d'eau, piscines et surtout une ribambelle d'enfants qui déambulent sur leur vélo.

C'est aussi un repaire d'amoureux du plein air où l'on prend plaisir le matin à siroter son café dehors sous les premiers rayons du soleil.

Et il faut l'avouer, il y a plusieurs avantages à cette formule : on le réalise assez vite en entendant la pluie frapper intensément les fenêtres et le toit. Le lendemain matin, nous étions au sec... ce qui n'était certainement pas le cas des campeurs dormant dans une petite tente de toile...

24, chemin de la Station,
Compton, J0B 1L0
www.campingcompton.com
819 835-5277 **$$**

Av. des RETROUVAILLES

VISITE GUIDÉE

Marie-Eve Morasse

Knowlton

Les cyclistes, les amateurs de vin et les flâneurs s'y arrêtent quelques heures pour profiter de sa tranquillité et admirer ses bâtiments historiques magnifiquement restaurés.

Panissimo

Installé à Knowlton depuis 18 ans. La simplicité de cette boulangerie et la qualité de ses pains ont garanti sa longévité. Ici, pas de muffins, pas de tartes : que des pains frais du jour à emporter avec soi. La boulangerie fait la part belle aux produits bios.

291-A, chemin Knowlton,
Lac-Brome (Knowlton), J0E 1V0
450 242-2412

Barnes magasin général

Visiter un Home Hardware en touriste ? Oui, si on est à Knowlton ! Car ici, on est très loin des grandes surfaces froides. Bien qu'il porte désormais les couleurs d'une bannière, le Barnes magasin général a gardé ses droits. On se rend dans cette quincaillerie pour les clous et la peinture, mais aussi pour les bonbons, le porc des Cantons de Shefford, le café, la bière et le pain ! Et si on n'a rien à y acheter, on s'arrête pour bavarder avec les sympathiques employés et admirer les boiseries de ce magasin général fondé il y a plus de 100 ans...

39, rue Victoria,
Lac-Brome (Knowlton), J0E 1V0
450 243-6480

Galerie Knowlton

Située dans un imposant manoir victorien construit en 1880, la Galerie Knowlton propose des sculptures, peintures, poteries et bijoux d'artistes, surtout québécois.

49, rue Victoria,
Lac-Brome (Knowlton), J0E 1V0
www.galerieknowlton.com
450 242-1666

Domenica

Il est plus facile d'entrer chez Domenica que d'en sortir ! La sympathique propriétaire parle avec passion de ses produits, de son Italie natale et ne tarit pas d'éloges quand vient le temps de parler de ses clients. Eux aussi sont chanceux de l'avoir ! Domenica Didio et son mari offrent des produits importés d'Italie et des mets qu'ils cuisinent sur place. S'il fait beau, on s'assoit devant le magasin pour siroter un soda ou manger un *gelato*.

302, chemin Knowlton,
Lac-Brome (Knowlton), J0E 1V0
450 242-1489 $

Canards du lac Brome

Difficile de passer par Knowlton sans faire un arrêt aux Canards du lac Brome, situés à quelques kilomètres du centre du village. Dès qu'on sort de la voiture, ce sont les plumes blanches qui virevoltent au vent qui nous indiquent qu'on est bel et bien au lieu d'élevage! Sur place, la boutique propose des produits variés, allant du canard entier aux poitrines en passant par les saucisses et terrines.

40, chemin du Centre,
Lac-Brome (Knowlton), J0E 1V0
www.canardsdulacbrome.com
450 242-3825

Photos : Robert Skinner

PÉDALER UN BON COUP

Oui, nos balades ne sont pas toujours que du plaisir. Elles nous feront parfois suer pas mal, mais enfourcher son vélo peut aussi faire voir du pays sous un angle nouveau. Voici trois circuits chouchous et leurs bonnes adresses.

D'ORMSTOWN

Des maisons de brique rouge parfaitement alignées. De petites églises protestantes en quantité. Et une grande tour carrée qui, à l'heure pile, lance le chant du célèbre Big Ben londonien.

Point de départ, le charmant village d'Ormstown assume pleinement ses airs d'Angleterre. Dans la vallée de la Châteauguay, les villages baignent invariablement dans une ambiance complètement anglo-saxonne : Dewittville, Hinchinbrooke, Athelstan... On les traverse en pédalant avec cette impression de n'être plus tout à fait au Québec, comme si, sans s'en apercevoir, on avait croisé la frontière. Après tout, l'État de New York est juste à côté...

Sitôt sorti d'Ormstown, on se retrouve sur de belles routes peu fréquentées, où le nombre de vaches dépasse largement le nombre d'humains (et où l'herbe a repris ses droits dans les fissures de l'asphalte).

On suit d'abord la rivière Châteauguay, tout en méandres, avant de s'engager sur la montée Rockburn, qui tient davantage du faux plat que de la véritable montée. Souvent, le feuillage des arbres forme des tunnels végétaux. L'ombre est bienvenue, entre les fermes laitières et les vergers aux pommiers plantés à l'équerre.

Au douzième kilomètre du parcours, la montée Rockburn commence à grimper un peu plus sérieusement pour atteindre le chemin de la Première Concession : un dénivelé de 100 mètres, à franchir sur 12 km. De tout le trajet, c'est le seul endroit où les mollets sont mis à l'essai.

De fait, le plus grand défi de ce parcours – idéal pour les cyclistes de route débutants ou ceux en quête d'une sortie tranquille – repose peut-être dans le ravitaillement. Les dépanneurs sont plutôt rares le long des routes agricoles ! Mieux vaut donc prévoir deux bidons si on ne veut pas être obligé de se ravitailler au pub d'Hinchinbrooke. Avec de la Guinness.

Point de départ et d'arrivée : Ormstown

Distance : 60 km

Niveau de difficulté : de facile à intermédiaire

Revêtement : routes asphaltées en bonne condition

Stationnement : rue Lambton, notamment devant l'église unie de Saint-Paul.

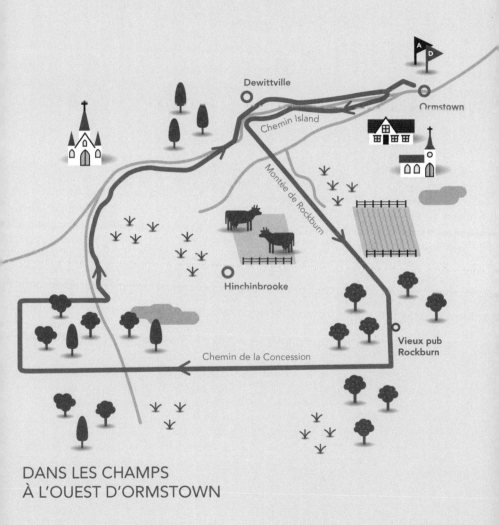

DANS LES CHAMPS
À L'OUEST D'ORMSTOWN

Photo : Robert Skinner

BONNES ADRESSES

Planète terroir

Une table gourmande où le chef puise dans ses racines québécoises et écossaises pour créer un menu gastronomique à partir des produits de la région. Légumes bios, agneaux ou bœufs nourris à l'herbe et vins locaux trouvent une place de choix sur la terrasse couverte de cette vieille maison en pleine campagne.

185, chemin Fairview, Godmanchester (Dewittville), J0S 1C0
www.planeteterroir.com
450 264-6501 **$$**

Café Namasthé

Café, salon de thé, restaurant aux plats santé, salle de spectacle, galerie d'art, boutique du terroir. Cette charmante adresse du centre-ville d'Ormstown porte tous ces chapeaux avec brio. Les cyclistes musiciens peuvent même y pousser la chansonnette : les instruments sont toujours sur scène, au cas où.

37, rue Lambton,
Ormstown, J0S 1K0
450 374-4775 **$**

Vieux pub Rockburn

Petit bout d'Irlande en pleine campagne montérégienne, ce pub aux sombres boiseries constitue un arrêt obligé pour les amateurs de *fish'n'chips* à l'anglaise, arrosés d'une pinte de Guinness. Pas le meilleur carburant pour pédaler, mais c'est sans conteste une sacrée récompense de fin de journée.

2461, montée Rockburn,
Hinchinbrooke, J0S 1E0
450 264-2239 **$**

Petite boulangerie d'Elgin

Gros coup de cœur pour cette micro-boulangerie installée dans une maison de ferme, au bout d'un chemin de terre battue (attention, traverse de canards !). Le vendredi et le samedi midi, on y sert soupe, sandwich ou tourte du jour. Tout est archi-frais, les ingrédients utilisés sont bios et le décor champêtre est à faire rêver. Les deux kilomètres de détour (aller et retour compris) sont vite oubliés !

1160, rang de la Troisième Concession,
Elgin, J0S 2E0
450 264-9786

LE PARC DE LA GATINEAU

COMME UNE PISTE DE COURSE

Stéphanie Morin

Il règne une ambiance digne d'un tour cycliste dans le stationnement du parc de la Gatineau.

Des cyclistes vêtus comme au Tour de France s'échangent les pompes à pied. D'autres, moins bien équipés, mais tout aussi enthousiastes, remplissent leurs sacoches pour la journée. Côté montures, on voit un peu de tout. Des bécanes qui pèsent une tonne, certaines qui traînent des chariots pour bébé, mais surtout, des vélos ultrasophistiqués aux pneus étroits, propriétés des cyclistes chevronnés ci-dessus évoqués.

Tous les dimanches matin d'été, les promenades panoramiques du parc de la Gatineau et d'Ottawa sont interdites aux véhicules motorisés. Les cyclistes peuvent ainsi se mesurer aux routes vallonnées du parc sans crainte de se faire frôler par un automobiliste pressé.

Si les familles préfèrent suivre la promenade du Colonel-By, près du canal Rideau, les plus sportifs optent pour le parc de la Gatineau, avec comme objectif l'incontournable belvédère Champlain. Le point de vue sur la vallée de la rivière Gatineau y est superbe. Il faut toutefois grimper jusqu'à ce perchoir...

Ce secteur du parc est situé dans la bien nommée MRC des Collines-de-l'Outaouais. Collines est le mot à retenir. Sur plus de 30 km de parcours, on ne roule pas 100 mètres d'affilée sur un terrain plat. Monte, descend, monte, descend... Pour le néophyte, c'est l'occasion rêvée de se familiariser avec les subtilités du dérailleur.

La meilleure façon d'attaquer cette boucle est de la parcourir dans le sens contraire aux aiguilles d'une montre. Depuis le village de Chelsea, il faut se diriger vers le nord sur la promenade de la Gatineau, en suivant les indications pour le lac Meech. Le choc est moins brutal que vers le sud. Les premiers quatre kilomètres se font sur un faux plat qui prépare les mollets pour l'ascension de la promenade du Lac-Fortune : une montée de 3,5 % qui s'étire sur plus de 3 km. Ça mouline ferme... Et juste quand on croit que c'est terminé, ça continue de grimper !

Le retour se fait le long de la promenade Champlain. La route serpente entre lacs et forêts. Pour le simple plaisir de rouler, on prolonge la virée jusqu'au lac Pink, une curiosité de la nature à l'étonnante couleur verdâtre. Nul besoin de se presser pour quitter le parc en matinée : même lorsque les automobiles reprennent leurs droits sur les routes, la cohabitation se fait sans encombre.

Point de départ : Centre des visiteurs du parc de la Gatineau, chemin Scott, à Chelsea

Distance : 34 km

Niveau de difficulté : intermédiaire

Dénivelé positif : 290 m

Revêtement : Routes asphaltées fermées à la circulation

Promenade du Lac-Fortune

Chelsea

Promenade de la Gatineau

Le salon de thé Mackenzie-King

Promenade Champlain

BOUCLE DANS LE PARC DE LA GATINEAU

Photo : David Boily

BONNES ADRESSES

Boucanerie Chelsea

Seul fumoir de tout l'Outaouais, la Boucanerie se décline en deux adresses : une boutique – où on peut acheter, à emporter, poissons et fruits de mer fumés – et un restaurant, situé quelques mètres plus loin. Le menu est plus alléchant que le décor tristounet de ce resto de centre commercial. On a adoré le *fish'n chips* de morue ultramoelleux et la chaudrée généreuse.

706, route 105, Chelsea, J9B 1L2
www.chelseasmokehouse.com
819 827-5559 **$-$$**

Nordik Spa-Nature

De l'espace en quantité pour se détendre, des saunas aromatiques aux huiles essentielles, des lits radiants en quartz, une piscine panoramique et un immense bassin flottant creusé à même le roc pour les traitements au sel de magnésium. La parfaite récompense pour les jambes fatiguées.

16, chemin Nordik, Chelsea, J9B 2P7
www.lenordik.com
819 827-1111

Biscotti & Cie

Un café gourmand comme on les aime : des gâteaux, des sandwichs et des *cupcakes*, du bon café et une ambiance conviviale qui donnerait envie d'y passer la journée. Le carré aux dattes est à se damner.

6, chemin Scott, Chelsea, J9B 1J3
www.biscottichelsea.ca
819 827-2550 **$**

Salon de thé Mackenzie-King

Sis au cœur du parc, dans la résidence d'été de l'ancien premier ministre canadien, ce salon de thé offre l'ultime expérience du thé à l'anglaise, avec sandwichs au concombre et scones. Winston Churchill et Charles Lindberg ont bu le thé entre ces murs ; pourquoi pas nous ? Le salon offre aussi un menu pour le dîner, mais pour les petits creux, on peut opter pour le casse-croûte qui jouxte le bâtiment principal. Saisonnier.

Secteur Moorside
du domaine Mackenzie-King
Promenade Champlain, Chelsea
www.capitaleducanada.gc.ca
819 827-3405 **$**

LES LAURENTIDES, POUR LES VRAIS CYCLISTES

Stéphanie Morin

La chapelle. C'est ainsi que les cyclistes sportifs de Morin-Heights et des environs appellent ce tracé, qu'ils fréquentent avec assiduité.

Les esprits mal tournés pourraient conclure que ce nom vient des chapelets d'injures égrenés par les cyclistes dans les sections les plus exigeantes, comme ces montées à 20 % d'inclinaison... Non, la chapelle en question n'est pas celle, métaphorique, construite par des hordes de cyclistes vidés par l'effort. C'est plutôt la chapelle – bien réelle – de Montfort qui a valu au parcours ce joli surnom.

Qu'ils fassent le parcours en sens horaire ou antihoraire, les cyclistes sont assurés de passer à l'ombre du clocher de ce petit bâtiment blanc.

Peu importe dans quel sens on le prend, ce circuit reste exigeant. Dans le massif des Laurentides, le terrain plat se fait plutôt rare. De Morin-Heights à Wentworth-Nord, après un long détour par Weir et Lost River, la route ondule sans cesse, au gré d'un relief très accidenté. Ici, on roule dans les hauteurs, dans les effluves énergisants des épinettes. Plus loin, on pédale au fond d'une vallée, sur la rive d'un des très nombreux lacs de la région. Plus loin encore, on croise quelques moutons aux fesses d'acier qui broutent à flanc de montagne.

La route (au bitume parfois cabossé, surtout sur la route 364, à Saint-Adolphe-d'Howard) est partagée avec des automobilistes – pas si nombreux, mais parfois pressés – et quelques spécimens fauniques aux tendances suicidaires. Ici, les cyclistes ne sont jamais à l'abri d'une marmotte, d'un rat musqué ou d'un tamia rayé qui surgit entre deux sapins.

Normal. Dès qu'on quitte Morin-Heights, les constructions se raréfient et on se retrouve rapidement à pédaler dans un décor forestier touffu. Les lacs ? Ils sont si nombreux qu'on perd vite le compte. Les plus grands sont bordés de chalets ; les plus petits, couverts de nénuphars. On imagine aisément quelques orignaux qui viendraient s'y désaltérer, à la brunante.

Point de départ et d'arrivée : stationnement du Corridor aérobique,
à l'intersection du chemin du Lac-Écho et de la rue Rockcliff

Distance : 78 km

Degré de difficulté : difficile

Dénivelé positif : 705 m

Revêtement : Routes asphaltées partagées avec les automobilistes

BOUCLE
DE LA CHAPELLE

Photos : Ivanoh Demers

BONNES ADRESSES

Marché fermier de Morin-Heights

Tous les vendredis après-midi d'été, jusqu'au début octobre, une vingtaine de producteurs vendent fruits, légumes, viandes et produits de boulange au marché, érigé tout près de l'église Saint-Eugène. Les cyclistes y trouveront ce qu'il faut pour un ravitaillement à haute teneur en saveurs : empanadas, saucisses grillées, smoothies, muffins...

148, chemin Watchorn,
Morin-Heights, J0R 1H0
www.marchemorinheights.com

La Grange

Boutique gourmande et café avec prêt-à-manger le jour. Restaurant table d'hôte le soir. Depuis son ouverture, la Grange est devenue le repaire des gourmands des Hautes-Laurentides. Sandwichs, quiches, salades, café. Tout y est de grande qualité.

2, rue Meadowbrook,
Morin-Heights, J0R 1H0
www.lagrangemorinheights.com
450 226-5005 **$$**

Ferme Morgan

Cette ferme bio propose plusieurs coupes de viande (bœuf, veau, sanglier, canard...) et des légumes frais, des rillettes maison, des croustilles de kale, des galettes. Le vendredi, on y fait aussi du pain à partir de la farine moulue sur place. On peut manger à l'une des tables à pique-nique de l'endroit, avec des volailles qui picorent à nos pieds. Un détour de moins de 2 km hors du parcours.

92, chemin Morgan, Weir, J0T 2V0
www.fermemorgan.com
819 687-2434

Magasin général du Lac-des-Seize-Îles

De l'extérieur, le bâtiment ne paie pas de mine et ressemble au plus banal des dépanneurs du coin. Une fois passé le seuil, toutefois, on découvre un sympathique magasin général au décor champêtre où l'on peut acheter tout ce qu'il faut pour se ravitailler : fruits, boissons, biscuits maison, charcuteries... Le soir, le resto qui jouxte le magasin général propose un menu table d'hôte qui varie selon les inspirations du chef.

217, chemin du Village,
Lac-des-Seize-Îles, J0T 2M0
450 226-3114

CHERCHER DIEU OU SIMPLEMENT LA SAINTE PAIX

Parfois, escapade rime avec repos ou même quête.
Il y a des endroits pour ça, des endroits empreints
de poésie.

L'ABBAYE SAINT-BENOÎT-DU-LAC

FAIRE LE PETIT COMPOSTELLE

LE PÈLERINAGE
DE NOTRE-DAME KAPATAKAN

Violaine Ballivy

Parcourir 215 km à pied pour se rendre du Saguenay au Lac-Saint-Jean ? Ampoules aux pieds, sac sur le dos, malgré la pluie et le vent. Le pèlerinage de Notre-Dame Kapatakan est pour les gens qui aiment marcher un peu, beaucoup, passionnément, à la folie. Athées ou religieux ? Aucune importance, à condition d'être un peu nomade dans l'âme.

Le sentier débute par la montée vers la vierge Notre-Dame-du-Saguenay et se termine à la grotte de Notre-Dame-de-Lourdes, à l'Ermitage Saint-Antoine de Lac-Bouchette.

« Il ne faut pas être religieux pour faire un pèlerinage ! » précise néanmoins l'instigatrice du projet, Sylvie Cimon, consciente de l'effet repoussoir que peut avoir la connotation du mot « pèlerinage ».

Sylvie Cimon a eu envie de créer un « petit Compostelle » au retour de son deuxième séjour de trois mois sur le célébrissime sentier de Saint-Jacques-de-Compostelle.

Toutes les raisons sont bonnes pour marcher, assure-t-elle. Se remettre en forme, oublier son « ex », renouer des liens mère-fille, méditer, faire des rencontres ou tout simplement profiter de la beauté des paysages.

« On peut considérer simplement que c'est le plus long sentier de marche reliant le Saguenay au Lac-Saint-Jean », souligne-t-elle. Et se concentrer davantage sur les attraits naturels, culturels et historiques, plutôt que religieux du Kapatakan, un mot qui signifie « chemin » en montagnais, langue des autochtones de la région. On foule les rives d'une rivière Saguenay large comme un fleuve, d'un lac Saint-Jean grand comme une mer intérieure : il y a de quoi s'en mettre plein la vue.

La première étape est assurément l'une des plus spectaculaires, alors que le circuit emprunte les sentiers pédestres du parc national du Fjord-du-Saguenay pour saluer la gigantesque statue de plâtre blanc érigée par Napoléon Robitaille à la fin du XIXe siècle pour remercier la vierge de l'avoir sauvé d'une mort certaine quand, traversant le fjord en hiver, la glace a cédé sous le poids de sa charrette. Les deux heures de montée sont amplement récompensées par les points de vue sur le cap Trinité et la baie Éternité, leurs falaises de granit et les forêts de sapins à perte de vue.

À d'autres endroits, les traces de civilisation disparaissent presque totalement, comme lorsqu'il faut parcourir le chemin dit La Cavée, bordé de forêts touffues où ne poussent que les résineux. Moment de grande solitude. Il faut aimer. Ou accélérer le pas. L'arrivée à Lac-Bouchette est plus gaie. Les maisonnettes colorées, fièrement fleuries, sont animées. Les familles saluent de la main les marcheurs. Sur la route qui sépare d'un côté le lac Ouiatchouan et, de l'autre, le lac Bouchette, on a du mal à résister à l'envie de s'arrêter sur leurs plages de sable doré.

Cela dit, aussi épatant soit-il, le circuit n'est pas pour tous. Il faut être en forme et avoir une bonne endurance. Et non, ce n'est pas toujours une partie de plaisir. Aucune portion du sentier n'a été construite exprès pour le Kapatakan, ce qui implique qu'il a fallu définir le tracé en fonction des chemins déjà établis, même s'il s'agit parfois de routes secondaires. On se promène alors dans l'accotement, aux côtés des voitures et des camions ou de chemins pour les véhicules tout-terrain. Pas très bucolique. *Grosso modo*, le quart du trajet se fait en bord de route, le quart sur des sentiers de randonnée, le quart dans des pistes cyclables et le quart dans des villes et villages. Très souvent, le dénivelé n'est pas le principal défi pour les mollets, c'est la dureté de l'asphalte ou du ciment des trottoirs.

Si la pluie ou le froid se mettent de la partie, les étapes peuvent être pénibles.

NOTRE-DAME KAPATAKAN

QUAND Y ALLER ?

Le printemps peut être froid, pluvieux et surchargé de moustiques. Mieux vaut l'éviter, ainsi que les journées chaudes de l'été.

OÙ DORMIR ?

L'Auberge de la rivière Saguenay

En cours de route, à La Baie, à l'Auberge de la Rivière Saguenay, où Pauline Gagnon n'a pas sa pareille pour accueillir les marcheurs et leur préparer de revigorants petits-déjeuners santé.

9122, chemin de la Batture, Saguenay (La Baie), G7B 3P6
www.aubergesaguenay.com
418 697-0222 **$$**

Le monastère des servantes du Très-Saint-Sacrement

À Chicoutimi, le monastère des servantes du Très-Saint-Sacrement remporte la palme de la meilleure affaire en ville (40 $, copieux petit-déjeuner inclus), s'il ne vous en coûte pas trop d'avoir les toilettes à l'étage et de dormir seul, une seule chambre avec lit double étant offerte.

www.uqac.ca

La salle communautaire de Saint-André

À Saint-André, le maire du village a transformé la salle communautaire en dortoir, achetant lits, couvertures et draps pour les pèlerins qui y trouveront refuge pour 20 $, café et rôties inclus. Il sera heureux de vous faire faire un tour de son minuscule patelin (d'au plus 500 personnes), tellement décidé à faire connaître « aux gens de la ville » la beauté et l'importance de garder vivants même les plus petits et reculés villages du Québec.

www.sentiernotredamekapatakan.org

LA SAINTE PAIX

L'ABBAYE VAL-NOTRE-DAME DE SAINT-JEAN-DE-MATHA

Photos : Ivanoh Demers

TROIS ENDROITS (PRESQUE) DIVINS À DÉCOUVRIR

Certaines communautés religieuses ouvrent leurs portes, pour une courte visite, souvent accompagnée de souvenirs gourmands à rapporter à la maison.

L'abbaye Val-Notre-Dame de Saint-Jean-de-Matha

On s'y arrête toujours pour faire le plein de chocolats et de tartinade au caramel. Mais les moines de l'abbaye Val-Notre-Dame offrent aussi une hôtellerie. On peut donc passer quelques jours, dans leur belle nature, aller s'y promener et se reposer. Leur abbaye a été conçue par l'architecte Pierre Thibault. L'endroit est magnifique.

250, chemin de la Montagne-Coupée, Saint-Jean-de-Matha, J0K 2S0
www.abbayevalnotredame.ca
450 960-2889

Le monastère Vierge Marie la Consolatrice dans les Laurentides

On n'arrive pas chez les sœurs grecques de Brownsburg-Chatham par hasard. Leur monastère se trouve au bout d'un chemin de terre, dans un endroit vraiment retiré. C'est là que la dynamique communauté élève ses poules, ses abeilles et fait pousser une tonne de légumes bios. Et bien sûr, transforme tout cela. Le fruit de leur travail, dont leur fabuleuse feta et leur moussaka traditionnelle, est disponible dans leur boutique. Les sœurs étant fort accueillantes, elles ont installé une aire de pique-nique pour ceux qui souhaitent étirer la visite. Une chose très importante à savoir : tous les visiteurs doivent être vêtus décemment, ce qui veut dire pour les femmes de porter une jupe longue sous le genou ! Et pas de camisole, svp. Ni pour lui ni pour elle...

827, chemin de la Carrière, Brownsburg-Chatham, J8G 1K7
www.monastere.org
450 533-4313

L'abbaye Saint-Benoît-du-Lac

Lieu magnifique, endroit paisible sur les rives du lac Memphrémagog. Lorsque vous êtes dans les Cantons-de-l'Est, il faut envisager un petit détour par Saint-Benoît-du-Lac, où il n'y a que l'abbaye. D'abord, si vous êtes avec de jeunes enfants, vous devez leur annoncer une visite au château, la tour que l'on voit de loin rappelant les châteaux des contes de fées. Magique. Et puis, le lieu est imposant. Il appelle au calme. Mais la visite se termine par le péché de la gourmandise : une visite à la boutique pour faire provision de leur célèbre fromage Bleu Bénédictin.

Les moines offrent aussi le gîte, pour un séjour de tout repos.

1, rue Principale, Saint-Benoît-du-Lac, J0B 2M0
www.st-benoit-du-lac.com
819 843-4080

CANTONS-DE-L'EST

LE SENTIER POÉTIQUE

Violaine Ballivy

« Pardon, je cherche le centre-ville, pourriez-vous me dire où il est ?

– Vous y êtes, monsieur. En plein milieu. »

Cet échange a été surpris à Saint-Venant-de-Paquette un mardi de fin d'été, mais aurait pu l'être tout autant n'importe quel autre jour tellement il est fréquent ici. Niché aux confins de l'Estrie, à 205 km de Montréal – contre une dizaine de la frontière avec les États-Unis –, le village est de ceux dont on oublie un peu l'existence. Il ne compte même plus 100 habitants l'hiver, à peine davantage l'été. Une goutte dans un océan de prairies, qui n'a même pas de petit dépanneur où acheter des bonbons à cinq cents ni de station d'essence pour signaler aux automobilistes sa présence. La plupart passeront donc tout droit. Sans s'arrêter. Belle erreur.

Car Saint-Venant-de-Paquette n'est pas un village comme les autres. C'est ici que le chanteur Richard Séguin s'est établi au début des années 70 pour trouver le calme et l'inspiration. Ici qu'il a œuvré pour l'implantation d'un sentier unique en son genre au Québec, où se marient comme il se doit deux âmes sœurs : la poésie et la nature.

Avec l'aide d'un professeur de littérature du cégep de Sherbrooke, Hercule Gaboury, des horticulteurs de l'Institut de technologie agroalimentaire et d'une bonne équipe de bénévoles, un parcours a été imaginé pour rendre

hommage à une trentaine des poètes de l'Estrie et du Québec et à leurs écrits évoquant la région, un arbre, une plante, une fleur, alouette. Entre Alfred DesRochers, Félix Leclerc, Marie Uguay et Louise Forestier, il y a autant d'hommes que de femmes, de disparus que de vivants.

Le visiteur y est maître de son temps. Il a le loisir de s'arrêter à chacune des 11 stations du circuit pour y lire tous les poèmes et leur mise en contexte, ou ne choisir que ceux des auteurs qu'il connaît ou préfère. Et si cela ne suffit pas, il n'y a qu'à tendre la main vers l'une des minibibliothèques en forme de cabane d'oiseaux installées en pleine forêt.

Depuis deux ans, la technologie s'est (un tout petit peu) introduite avec le lancement d'un audioguide avec lequel on suit le récit de l'une des pionnières du village, Hermine Malouin Lefèbvre. On s'arrête avec elle dans l'église-musée, l'une des plus anciennes, entièrement construite en bois du Québec, restaurée au début des années 2000, puis au cimetière, devant l'ancien magasin général.

Hermine s'étonne de voir que les sculptures de Roger Nadeau bordant tout le sentier ont été faites en pierres des champs. «On a passé tellement de temps à les enlever au printemps!» Avec elle, plus que la poésie ou la nature, c'est l'histoire du Québec d'antan qui a la vedette. Et Richard Séguin un peu aussi, puisqu'il signe la musique d'ambiance.

Le circuit se termine à la Maison de l'arbre, à la fois (petit) centre d'interprétation et café où l'on sert des biscuits et des gâteaux faits maison, ainsi que des assiettes de produits de la région dans de la vraie vaisselle, avec des couverts réutilisables. Une visite en adéquation avec le respect de l'environnement, de A à Z.

Les Amis du patrimoine
5, chemin du village,
Saint-Venant-de-Paquette, J0B 1S0
www.amisdupatrimoine.qc.ca
819 658-9050

VISITE GUIDÉE

Stéphanie Morin

Oka-Hudson

Il ne faut parfois pas aller très loin pour s'offrir une réelle journée d'évasion.
De part et d'autre du lac des Deux Montagnes, à une trentaine de minutes
de route de Montréal, Oka et Hudson semblent appartenir à deux mondes différents.
Quelques adresses pour en explorer les charmes distincts.

La Panière d'Alexie

La boulangère Céline Labbé a importé à Oka le savoir-faire de sa grand-mère abitibienne Alexina. Avec la pâtissière Michelle David, elle a fondé cette chaleureuse boulangerie artisanale où il fait bon se poser, entre les magazines, les œuvres d'art sur les murs et le piano à queue. Les propriétaires utilisent abondamment les produits locaux pour la fabrication des pains, pizzas, tartes ou croque-monsieur. Même le café est torréfié à proximité, à Kanesatake. On a craqué pour la tartine au fromage de chèvre et lardons, sur pain aux pommes et au miel.

96, rue Notre-Dame, Oka, J0N 1E0
450 415-1667

Saint-Ici

Pierre Minville est un iconoclaste, bricoleur devant l'éternel, pour qui l'autodidaxie est un mode de vie. Il a passé huit années à fabriquer 100 maquettes de maisons historiques du Québec, qu'il expose dans son grand garage décrépit. Un travail colossal, surtout que l'Okois a ajouté mille détails de la vie quotidienne à son village miniature, joliment baptisé Saint-Ici. Une corde de bois laissée en plan par les enfants, une assiette de galette qui refroidit à la fenêtre... Un émouvant hommage à la débrouillardise, à la force de caractère et au courage des premiers Québécois, raconté en mots et en matériaux par un de leurs fiers (et volubiles) descendants. Un souhait : que ce trésor trouve un jour un écrin à sa mesure.

Ouvert de la mi-juin à la fin de septembre. Téléphonez avant de passer.

86, rue des Cèdres, Oka, J0N 1E0
www.saintici.com
450 479-6546

Le Magasin de l'abbaye d'Oka

Les moines trappistes ont quitté Oka en 2009, mais le fruit de leur travail est toujours vendu au magasin qui jouxte leur ancienne abbaye. Leurs caramels, chocolats et gâteaux aux fruits sont vendus aux côtés d'autres produits issus de monastères canadiens. On trouve aussi une foule de produits du terroir, dont plusieurs dizaines de fromages québécois (y compris le célèbre Oka, désormais produit par Agropur), des saucisses, des pains cuits sur place, des tartes maison, des produits de la pomme. Une exclusivité inspirée du passé religieux des lieux : les retailles d'hostie, caramélisées dans un mélange d'œufs et de cassonade. Divinement croquant.

1500, chemin d'Oka, Oka, J0N 1E0
www.magasinabbayeoka.com
450 415-0651

Auberge Les Bois noirs

Carnivores impénitents et descendants directs de Gargantua, cette adresse est pour vous. Le producteur de sanglier Francis Parent propose ici des produits transformés dans sa ferme de Saint-Benoît-de-Mirabel. Sanglier, bien sûr, mais aussi bison, gibier et canard se déclinent en moult versions : saucisses, terrines, rillettes, côtes levées, hamburgers, abats. Les portions carnées, costaudes, sont pour la plupart accompagnées de frites, cuites dans le gras de canard. Le dimanche midi, un brunch est offert en formule buffet.

1351, chemin d'Oka, Oka, J0N 1E0
www.boisnoirs.ca
450 258-4915 $$

Parc national d'Oka

Outre la randonnée pédestre sur l'un des cinq sentiers balisés, le parc propose, jusqu'au début d'octobre, la location d'équipement nautique : canot, kayak, surf debout à pagaie ou pédalo. Aussi au programme tous les week-ends : des activités de découvertes tantôt sur le raton laveur, tantôt sur les reptiles ou sur la faune ailée des marais. L'histoire du calvaire d'Oka, érigé en 1742, est aussi présentée par un personnage costumé tous les dimanches.

2020, chemin d'Oka, Oka, J0N 1E0
www.sepaq.com/pq/oka
450 479-8365

LA PANIÈRE D'ALEXIE

Évidemment, d'avril à novembre on passe d'une rive à l'autre en traversier ! C'est charmant, surtout avec les petits qui s'émerveillent de voir un petit bateau traîner une barque de voitures...
www.traverseoka.qc.ca

LES BOIS NOIRS

Photos : Edouard Plante-Fréchette

Mademoiselle Clifford

Sur le mur de la charmante boutique d'Hudson, une centaine de tasses de porcelaine, avec soucoupes assorties. Dans les pots, sur les étagères : 90 sortes de thé, en vrac pour la plupart. On choisit le thé, puis la tasse (quelle chouette idée !) avant de se glisser sur un des confortables sofas. Reste à savourer l'infusion, seule ou accompagnée d'un scone maison, d'une pomme de terre au four ou d'un sandwich frais préparé par la propriétaire, l'énergique Linda Clifford. Coup de cœur pour le sandwich au poulet royal (traduction libre du *Coronation chicken* si cher aux Anglais), rehaussé d'une sauce au cari et aux mangues. L'Écossaise d'origine a voulu recréer à Hudson l'ambiance chaleureuse et le menu sans fla-fla des salons de thé de son enfance. Mission accomplie. Ne manquait que le jardin, remplacé ici par les fleurs coupées du coin fleuriste, aussi tenu par la propriétaire.

60, avenue Cameron,
Hudson, J0P 1H0
www.mademoiselleclifford.com
450 202-7673 **$**

Marché Finnegan

La popularité de ce marché aux puces dépasse largement les frontières de la municipalité d'Hudson. Depuis bientôt 40 ans, on vient d'un peu partout au Québec pour chiner dans les dédales d'antiquités. Plus de 100 exposants s'y réunissent chaque samedi pour vendre qui de la vaisselle antique, qui des meubles, des accessoires de décoration, des produits de la ferme ou des plats cuisinés. La famille Aird accueille visiteurs et vendeurs sur son vaste terrain gazonné où se dressent trois granges, elles aussi bourrées de trésors. Suffit d'avoir l'œil pour dégoter de petites merveilles. Du début du mois de mai à la fin d'octobre.

775, rue Main, Hudson, J0P 1H0
www.finnegansmarket.com
450 458-4377

Clarence & Cripps

Originaire de Newcastle, Maxine Clarence vend dans sa petite échoppe d'Hudson tout ce qui peut rappeler le pays à un Britannique en exil : des fèves ou du *haggis* en conserve, du vinaigre de malt, du « Marmite », des croustilles aux saveurs improbables de ce côté de l'Atlantique : steak et oignons, poulet rôti, cocktail de crevettes. Le tout est importé directement du Royaume-Uni. Dans le frigo, dissimulé dans une cabine téléphonique rouge, on trouve des scones prêts à cuire et des saucisses préparées en exclusivité pour Clarence & Cripps par une boucherie de Saint-Louis-de-Gonzague. « La recette vient de ma famille », lance la propriétaire. Pour les Fêtes, Maxine reçoit les gâteaux et puddings de Noël directement de chez Marks & Spencer.

71, avenue Cameron, J0P 1H0
www.clarenceandcripps.com
450 458-4073

Que de bonnes choses

Cafés, viennoiseries, sandwichs, jus :
on ne trouve décidément que de bonnes
choses dans cette bien nommée épicerie
biologique. Nos coups de cœur ? Les
fabuleuses sucettes glacées artisanales
signées Pop Culture, faites de fruits
saisonniers et de produits laitiers de
la région. Aussi sur place : une crème
glacée du terroir sucrée avec du sirop
d'érable, préparée à Hudson même.
Délicieuse : les petits pots se sont vidés
en trois cuillerées.

484, rue Main, Hudson, J0P 1H0
www.quedebonneschoses.ca
450 458-0558 $

2barn owls

Trois créatrices ouvrent les portes
de leur coquette grange rouge d'Hudson
tous les premiers week-ends du mois.
À l'intérieur : des antiquités, mais
surtout des objets récupérés auxquels
elles donnent une seconde vie. Sous
leurs doigts, la matière se transforme,
se patine, s'illumine. On a adoré les
insectes créés à partir de matériaux
recyclés, chacun vendu avec son
certificat de naissance. Rigolos
à souhait.

422c, rue Main, Hudson, J0P 1H0
www.2barnowls.com
514 795-4361

Photo : Marco Campanozzi

Photo : Édouard Plante-Fréchette

Photo : Marie Tison

VOYAGE AU BOUT DU MONDE

Il y a une partie du Québec qui n'apparaît pas sur la plupart des cartes touristiques. C'est le Nunavik. Au-delà du 55e parallèle, on le situe dans une région dont la vraie nature est floue dans la tête des gens qui n'y sont jamais allés: le Nord-du-Québec. C'est un autre voyage. De ceux qu'on appelle expédition et dont on revient transformé.

Photos : Marie Tison

UN CRATÈRE DANS LA TOUNDRA

Marie Tison

Des aurores boréales, voilà qui couronne de façon magistrale une semaine au parc national des Pingualuit, à 440 km au nord-ouest de Kuujjuaq, tout près de l'extrémité nord du Québec, en plein Nunavik.

Il s'agit d'un parc récent, inauguré officiellement en 2007. Il englobe le fameux cratère du Nouveau-Québec, lui-même relativement récent, d'un point de vue géologique, bien sûr. Il y a un peu plus de 1,3 million d'années, une météorite de 120 mètres de diamètre s'est écrasée, libérant une énergie équivalant à 8500 fois la bombe atomique tombée à Hiroshima.

LE FAMEUX CRATÈRE

La météorite a creusé un cratère de 3,4 km de diamètre. De cette météorite, il ne reste aucune trace. Elle s'est désintégrée.

Dans ce paysage de toundra vaguement ondulée, les irrégularités du rebord du cratère ressortent comme des boutons sur le visage d'un adolescent. C'est d'ailleurs la signification du mot «pingualuit»: boutons d'acné. Les Inuits ont toujours eu le sens de l'humour.

C'est au refuge de Parcs Nunavik qu'on s'installe. Les divers bâtiments qui le composent sont bien chauffés et sont équipés de douches délicieusement chaudes, grâce à l'énergie solaire et à de bonnes piles. Le grand luxe, surtout lorsque les expéditions se font sous la pluie ou dans le froid. Ou les deux.

Le cratère n'est qu'à 2,5 km du refuge, mais il n'y a pas de sentier. Il faut donc progresser sur des pans entiers de gros cailloux gris, parfois instables, ce qui nécessite un bon équilibre, des bâtons de marche et de très bonnes bottines de randonnée.

Au sommet, on peut jeter un coup d'œil sur le lac Pingaluk, au fond du cratère, un lac parfaitement circulaire aux eaux incroyablement pures parce qu'il n'y a pratiquement pas de matières en suspension. Le lac n'est alimenté que par les pluies.

Il y a des ombles chevaliers dans ce lac, qui ont probablement fait leur chemin alors que le niveau de l'eau était plus élevé et que des ruisseaux s'en échappaient. Les ombles sont maintenant prisonniers du lac et doivent se manger les uns les autres pour survivre. Des cannibales...

Le chemin qui fait le tour du cratère est une randonnée de près de 20 km. Heureusement, le rebord est plus facile à parcourir que les flancs. On peut descendre jusqu'au bord du lac pour prendre un goûter, à l'abri du vent.

Mais c'est assurément du haut des airs que le cratère se montre le plus impressionnant. Au départ, le pilote accepte de le contourner (il est interdit de le survoler pour protéger la pureté de ses eaux) pour nous donner une perspective différente. Par bonheur, le soleil brille, le lac Pingualuk prend une belle teinte bleu profond.

GASTRONOMIE INUITE

L'un des grands attraits d'un séjour au parc national des Pingualuit est le contact avec les Inuits et la gastronomie inuite. Au menu : caribou séché trempé dans le *misirak*, de la graisse de béluga liquéfiée et fermentée qui ressemble à du beurre liquide. On trouve également l'*igunak*, de la viande de morse enveloppée dans la peau de l'animal, fermentée à l'extérieur pendant plusieurs mois.

Voyager avec des Inuits dans le parc, c'est aussi accepter le fait que c'est leur territoire de chasse et qu'ils ont conservé le droit de se livrer à cette activité. Deux jours après notre arrivée, les Inuits ont tué deux caribous. Ils ne laissent presque rien derrière eux, que la tête, le bout des pattes et les intestins. Et le soir même, on nous a préparé du caribou sauté dans le beurre.

COMMENT Y ALLER

Pendant la belle saison, il n'y a qu'une façon de se rendre au parc national des Pingualuit : l'avion. First Air offre des vols directs Montréal-Kuujjuaq tous les jours. On peut ensuite se rendre à Kangiqsujuaq sur les ailes d'Air Inuit, puis noliser un avion pour se rendre au parc, à 88 km de Kangiqsujuaq.

Il est donc préférable de constituer un groupe pour diminuer les coûts.

Parcs Nunavik propose des forfaits incluant le transport aller-retour à partir de Kuujjuaq, l'hébergement au confortable camp du lac Manarsulik et au sympathique camp rustique du canyon Puvirnituq ainsi que le service de guides inuits. Environ 7 000 $ pour une semaine.

Le meilleur moment pour visiter le parc est la fin d'août et le début de septembre.

LE MONT D'IBERVILLE

Aux confins du Nunavik et du Labrador, trône le plus haut sommet du Québec, le mont D'Iberville et ses 1646 mètres d'altitude. Couverts de neige la majeure partie de l'année, ses flancs escarpés sont vertigineux et son ascension représente un véritable défi, même pour les alpinistes aguerris.

Le mont D'Iberville, également connu sous le nom de Caubvick, se mérite. On peut y accéder par le Labrador, par le parc national des monts Torngat, ou par le Nunavik, par le nouveau parc québécois Kuururjuaq.

Le camp de base (atteint après deux jours de marche) est à 530 mètres d'altitude. Il faut donc grimper 1116 mètres pour atteindre le sommet. Ça ne semble pas énorme, mais avec la topographie particulière du mont D'Iberville, ce n'est pas du gâteau.

CHER, LE NORD !

Le mont D'Iberville est peu accessible non seulement parce qu'il est éloigné, mais aussi parce qu'il est très coûteux de s'y rendre. Une expédition de neuf jours coûte environ 8 000 $.

Le prix du voyage au parc Kuururjuaq s'explique surtout par le coût du transport. Il faut aussi compter les frais d'accès au parc et les frais de camping, même si les services sont inexistants. Il faut également tenir compte de coûts additionnels, comme le garde-ours.

Il n'est pas possible pour un visiteur de pénétrer dans un parc québécois avec une arme à feu. Les Inuits ont ce droit dans les parcs nordiques. Si on veut se protéger contre les éventuels ours polaires, il faut avoir recours aux gardes.

www.nunavikparks.ca

Photo : Hugo-Sébastien Aubert

VOYAGE AU BOUT DE L'HIVER

Il fait froid. De ce froid assez vif pour que la neige crisse sous les pas et que les joues rougissent sans fard ni compliments. Ce n'est pas tout à fait le genre de temps que les touristes espèrent lorsqu'ils se rendent par milliers en Gaspésie pour visiter la Baie des Chaleurs l'été, attirés par les promesses de plages ensoleillées et de baignades en eau chaude. Mais c'est tout à fait ce qui convient pour faire une virée loin, loin des foules.

Photos : Hugo-Sébastien Aubert

LA BAIE DES CHALEURS SANS LA CHALEUR

Violaine Ballivy

«Tout sera fermé!»

«Il n'y aura rien à faire! Rien d'autre à faire que d'avoir froid et de lire dans la chambre d'hôtel!»

Combien de fois a-t-on entendu ce commentaire avant d'annoncer le départ pour une virée hivernale dans la Baie des Chaleurs?

Carleton-sur-Mer, dans l'imaginaire québécois, rime avec juin, juillet, août. Septembre et octobre en étirant l'élastique. Rarement avec février ou mars.

Le départ de Montréal s'est alors fait la valise pleine de bouquins. Près de 1800 km plus tard, les skis auront servi beaucoup, beaucoup plus souvent.

On le comprend dès le début de l'aventure : la Gaspésie en hiver, c'est d'abord une destination pour amoureux du blanc.

Celui de la neige encore vierge que les skieurs auront plaisir de fouler pour la première fois à Val-d'Irène, près d'Amqui. L'arrêt ici, depuis Montréal, permet de couper la route, mais aussi de découvrir l'un des secrets mieux gardés de la région. Les skieurs expérimentés mordront dans la poudreuse du versant nord de la montagne, nullement travaillé mécaniquement, une navette assurant leur retour vers les télésièges du versant sud. L'enneigement est entièrement naturel et a de quoi impressionner : le total annuel titille souvent les six mètres. C'est plus qu'assez pour les sentiers de ski de fond serpentant au pied de la montagne, entretenus minimalement, mais suffisants pour s'en mettre plein la vue en termes de forêts enneigées et de rivières gelées.

De là, il ne reste que 150 km à franchir pour rejoindre Carleton-sur-Mer.

Le long de la route, les tables à pique-nique sont désertes, laissées en plan sous une épaisse couche de glace. Il fait trop froid pour y manger un sandwich, mais pas pour sortir le thermos de chocolat chaud, car la vue n'est pas moins belle qu'à l'été, loin de là. Le moindre rayon de lumière se répercute sur les îlots de glace de la Baie des Chaleurs. Les petites maisons colorées sont plus éclatantes qu'à toute autre période de l'année sur fond de neige.

Il suffit de tourner légèrement la tête pour migrer de la mer à la montagne. Le mont Saint-Joseph paraît plus imposant en février qu'il ne l'est en réalité, givré, partiellement caché par un épais brouillard. Par temps clair, les raquetteurs s'y élancent pour découvrir, après une petite heure d'efforts, la plus belle vue sur la baie. Le Nouveau-Brunswick est trop loin pour en voir les côtes. C'est la mer qui s'ouvre devant soi, le lac Baïkal gelé dans l'hiver sibérien. Quand le vent souffle, les plus sportifs viennent y faire du paraski, tirés par un cerf-volant aux couleurs d'été.

PARADIS DU SKI

C'est une surprise, car les associations touristiques misent énormément sur la – payante – industrie de la motoneige. On pense souvent qu'il n'y en a que pour ceux qui carburent à l'essence dans les environs.

C'est à peine s'ils relèvent la présence des Arpents Verts, un centre de ski de fond qui rivalise pourtant sans peine avec les centres du mont Saint-Bruno ou d'Oka, offrant 35 km de superbes sentiers de difficultés diverses. « Les pistes pourraient être mieux entretenues pour le pas de patin », se plaindra un skieur. Peut-être,

STATION DE SKI DU PARC RÉGIONAL DE VAL-D'IRÈNE

mais à 5 $ et à moins de 10 minutes du centre-ville, il n'y a pas mieux à Montréal ni Québec ! À 8 h, les pistes sont déjà tracées et le poêle du chalet d'accueil et les petits refuges sont chauds.

Bien sûr, on mentirait en affirmant qu'il y a autant d'animation qu'à l'été. Les casse-croûte affichent presque tous « fermé », plusieurs restaurants et auberges aussi, mais la vie, la vraie, celle de ceux qui y résident à longueur d'année, ne fait pas défaut.

Avec son pavillon du cégep de la Gaspésie, Carleton-sur-Mer est une ville étudiante, après tout ! Le vendredi soir, la microbrasserie Le Naufrageur ne manque pas d'ambiance, tout en chaleur et en musique. Et puis, en voyageant en basse saison, à moins de tomber sur un tournoi de hockey, on n'aura pas de souci à trouver une chambre d'hôtel avec vue sur le fleuve.

Photo : Hugo-Sébastien Aubert

DÉTOUR OBLIGÉ

Ce n'est pas le mont Tremblant, mais à une petite heure de route, la station méconnue de Pin Rouge est celle qui affiche le plus haut dénivelé de l'est de la province, 450 mètres. Un centre idéal pour les familles avec ses 25 pistes de ski alpin de niveaux variés, ses glissades sur tube gratuites et ses quelques sentiers de ski de fond et de raquette le long de la rivière Cascapédia, sans oublier ses 32 chalets rouges, orange, bleus ou jaunes près des pentes.

Pour vraiment prendre le pouls des montagnes de la Gaspésie, un détour par le parc national du même nom s'impose pour s'en mettre plein les mollets.

Après New Richmond, sur la route, il n'y en a que pour les sommets des Chic-Chocs vers lesquels la voiture file doucement. Il faut être prudent, les chevreuils d'abord, puis les caribous menacent de croiser violemment notre chemin. La civilisation disparaît peu à peu, jusqu'à ce que pointent entre les sapins enneigés les lumières chaleureuses du gîte du Mont-Albert, où il fera bon poser ses bagages quelques nuitées. C'est la montagne, la grande, la vraie, la dure. Celle des paysages à couper le souffle qui se méritent à grandes suées et se récompensent de festins à la table gourmande de l'hôtel.

ENTRE MERS ET MONTAGNE

Partir d'ici n'est jamais chose facile. Il faut adoucir l'idée du retour en profitant encore un peu du littoral. Car après la montagne, on retrouve le fleuve, là, juste devant soi à Sainte-Anne-des-Monts. On s'y arrêtera pour une bière au pub Chez Bass, les yeux rivés dans l'eau ou pour visiter le si joli magasin général Alexis installé dans le châtelet construit pour un médecin au milieu du XXe siècle, tout en boiseries, vitraux et tourelles.

Les 100 kilomètres suivants vers Matane pourraient bien vous prendre cinq, six, huit heures à parcourir. Ce n'est pas que la route soit en mauvais état, mais au contraire si belle que les arrêts photo s'imposent à chaque virage. Le fleuve est entre deux eaux, ni gelées ni libres, casse-tête de glaces s'entrechoquant sans fin pour créer d'étranges sculptures bleutées. Elles semblent s'être formées il y a une éternité : comment la nature aurait-elle pu créer de telles parois en si peu de temps ? Comment le fleuve pourra-t-il s'en libérer avant l'été ? Le paysage change sans cesse, les glaces sont blanches ici, bleues là, découpées au couteau sur la nappe d'eau sombre.

La voiture enfile les villages – un clocher, une marina, un casse-croûte, une poissonnerie – à un rythme régulier jusqu'à Matane. En février, les bateaux y sont au repos forcé près du quai. Ils ne rapporteront pas de poissons frais, mais nourriront bien les albums de photos.

Le vent souffle fort près du fleuve, moins le long de la rivière Matane menant au petit parc des Îles ou sur l'avenue Saint-Jérôme, prétexte de quelques arrêts gourmands, pour les bons pains de la boulangerie Toujours dimanche, les bières de la microbrasserie ou la table d'hôte du Bistro C.

La virée se poursuit jusqu'au parc du Bic, dernier arrêt essentiel pour les amoureux de plein air qui chausseront leurs skis de fond ou leurs raquettes pour une balade au plus près du fleuve, avec la possibilité d'y dormir au chaud, dans l'une des yourtes équipées de la Sépaq. Les plus urbains se poseront plus près des restaurants et des cafés, à Rimouski, mais pas sans avoir jeté un dernier coup d'œil au soleil couchant qui enflamme le ciel d'un rouge assez vif pour forcer l'arrêt des passants.

Alors on reprend une grande respiration de cet air du large.

La boucle sera bouclée à Montréal dans quelques centaines de kilomètres, sous la pluie et la grisaille. C'est là, finalement, que les bouquins seront les plus utiles.

MONTRÉAL – AMQUI   636 km

AMQUI – CARLETON-SUR-MER   149 km

CARLETON-SUR-MER – NEW RICHMOND   33 km

CARLETON-SUR-MER – GÎTE DU MONT-ALBERT   122 km

GÎTE DU MONT- ALBERT – SAINTE-ANNE-DES-MONTS   45 km

SAINTE-ANNE-DES-MONTS – MATANE   87 km

MATANE – RIMOUSKI   100 km

RIMOUSKI – MONTRÉAL   539 km

OÙ DORMIR ? 🌙

Auberge Beauséjour

À la fois magasin général, chocolaterie et restaurant, l'Auberge Beauséjour d'Amqui offre neuf chambres décorées dans le respect des origines de cette maison centenaire. Le repas du soir est riche en poissons de la Gaspésie, frais ou fumés, très bien apprêtés et servis dans l'agréable salle à manger remplie d'antiquités.

71, boulevard Saint-Benoît Ouest, Amqui, G5J 2E5
www.auberge-beausejour.com
418 629-5531 $-$$

Hôtel Baie-Bleue

Chambres modernes et spacieuses avec vue sur la Baie des Chaleurs, à distance de marche des principaux attraits de Carleton-sur-Mer.

482, boulevard Perron, Carleton-sur-Mer, G0C 1J0
www.baiebleue.com
418 364-3355 $

Parc national de la Gaspésie
Camping, chalets, refuges.
www.sepaq.com
$-$$

Station touristique de Pin Rouge

À New Richmond. Studios et chalets colorés, pour 1 à 6 personnes. Les plus grands ont une cuisine bien équipée, une salle à manger et un salon. Ce n'est pas le grand luxe, mais c'est lumineux, bien tenu et abordable.

1250, chemin Saint-Edgar, New Richmond, G0C 2B0
www.pinrouge.com
418 392-5134 $$

Gîte du Mont-Albert
2001, route du Parc, Sainte-Anne-des-Monts, G4V 2E4
www.sepaq.com
418-763-2288 $$

OÙ MANGER ? 🍴

Chez Bass

170, 1ère avenue Ouest, Sainte-Anne-des-Monts, G4V 1C8
418 763-2613 $-$$

Bistro C
318, rue Saint-Jérôme, Matane, G4W 3A9
418 566-0099 $$

LA GRANDE TRAVERSÉE
DE LA GASPÉSIE

Le froid, le vent, la neige, la fatigue, les dénivelés en montagnes russes : rien ne semble capable d'arrêter les fondeurs qui participent à la Grande Traversée de la Gaspésie. Ce défi un peu fou – parcourir 175 km à skis de fond en 6 jours –, imaginé par deux sportifs infatigables, est maintenant indissociable du paysage hivernal gaspésien. Un succès touristique qui n'a rien d'ordinaire.

www.tdlg.qc.ca

CARNET GASPÉSIEN

Stéphanie Morin

Vous faites le tour de la Gaspésie?
Voici des endroits qu'on aime. Beaucoup.

SAINT-ANGÈLE-DE-MÉRICI

La Bottine gourmande

Installé dans l'ancienne cordonnerie du village, voici un resto-pub comme on les aime : une déco chaleureuse et colorée, une grande banquette, un bar animé pendant les 5 à 7 et un menu bistro aux accents du terroir, qu'on peut arroser de bières de microbrasserie. À l'étage, la salle à manger se change parfois en salle de spectacle.

572, avenue de la Vallée,
Sainte-Angèle-de-Mérici G0J 2H0
$

CARLETON-SUR-MER

La Mie Véritable

Un renversé à l'érable au goût de beurre. Un pain aux olives encore chaud sous sa croûte craquante. Et un pain aux raisins... divin. Cette boulangerie-pâtisserie artisanale propose chaque jour pains frais, croissants, chocolatines, tous préparés avec de la farine biologique. À l'étage, La Mie d'en haut offre sandwichs, pizzas et salades. Une visite ne suffisant pas, on est revenus sur nos pas (un détour de 30 km) pour refaire le plein. Bref, on a adoré.

578, boulevard Perron,
Carleton-sur-Mer, G0C 1J0
418 364-6662 $

Brûlerie du quai

Boire un véritable espresso, servi dans un vieil entrepôt de filets de pêche? Tout est possible à Carleton. Il y a sept ans, Dany Marquis et sa famille ont installé leur torréfacteur dans cette cabane en planches grises, sur le chemin qui mène au port. Aujourd'hui, la Brûlerie du quai compte trois succursales dans la péninsule.

200, route du Quai,
Carleton-sur-Mer, G0C 1J0
www.brulerieduquai.com
418 364-6788 $

SAINT-SIMÉON

Ferme Bourdages

Impossible de rater ce producteur de fraises : ses panneaux et ses kiosques abondent dans la Baie des Chaleurs. Tartes, confitures, fruits frais et alcools de fraises côtoient d'autres produits du terroir gaspésien dans la grande boutique de la ferme.

255A, avenue du Viaduc,
Saint-Siméon, G0C 3A0
www.fermebourdages.com
418 534-2700

SAINTE-THÉRÈSE-DE-GASPÉ

Poissonnerie Lelièvre, Lelièvre et Lemoignan

La péninsule compte des dizaines de poissonneries. Pourquoi choisir celle-ci? Parce que c'est la seule où l'on peut visiter un économusée sur le séchage de poisson et, au printemps et à l'automne, voir la morue salée sécher au soleil sur des centaines de vigneaux. Mieux, on peut voir les employés trier, vider et couper en filets – tout ça à la main – les centaines de prises fraîchement arrivées. Impressionnant!

52, rue des Vigneaux,
Sainte-Thérèse-de-Gaspé, G0C 3B0
418 385-3310

ANSE-À-BEAUFILS

Café Bistro La Vieille Usine

Ici se mélangent Gaspésiens pur laine
venus boire un verre de Pit Caribou, la
microbrasserie située à un jet de pierre,
touristes en quête d'un bon repas et
spectateurs en attente de la prochaine
séance de *jams*, du chansonnier, d'un
artiste émergent ou d'un gros nom de la
chanson québécoise. Un vrai havre culturel
loin du brouhaha touristique de Percé.

55, rue à Bonfils, Percé
(L'Anse-à-Beaufils), G0C 1G0
www.lavieilleusine.qc.ca
418 782-2277 **$**

PERCÉ

Riôtel Percé

Chambres rénovées et deux suites, dont
l'une profite de deux chambres séparées,
d'un grand balcon privé et d'une vue sur
la mer. On a craqué pour la large baignoire,
d'où l'on peut admirer le célèbre rocher
et l'île Bonaventure. L'une des meilleures
offres d'hébergement de Percé.

261, route 132, Percé, G0C 2L0
www.riotel.com
418 782-2166 **$$**

Note : Le mot saisonnier a une
définition bien différente d'un
endroit à l'autre. Certains
commerces ferment 9 mois,
d'autres 2 et d'autres encore selon
l'humeur. Vérifiez avant de passer !

GASPÉ

Café des artistes

Gros coup de cœur pour ce sympathique
café, où l'on pourrait aisément passer la
journée. Un décor chaleureux, de l'art sur
les murs, du café torréfié sur place, des
desserts maison et du personnel amical.
Que du bonheur !

101, rue de la Reine, Gaspé, G4X 1T5
www.brulerieducafedesartistes.net
418 368-3366 **$$**

Marché des saveurs gaspésiennes

Une seule adresse pour dénicher
presque tous les produits du terroir
gaspésien : celle-ci. Des champignons
séchés de Gaspésie sauvage au saumon
fumé de Monsieur Émile en passant par
la choucroute bio de chez Tapp. Les
délices de la péninsule côtoient des
produits d'ailleurs au Québec, pour le
bonheur des gourmands gourmets.

119, rue de la Reine, Gaspé, G4X 1T5
418 368-7705

ANSE-AU-GRIFFON

Café de l'Anse

Café bistro qui fait la part belle aux
produits locaux, galerie d'art et boutique
de cadeaux sont réunis dans ce magnifique
bâtiment qui fut jadis un entrepôt. L'été,
super terrasse en bord de mer, avec ses
chaises multicolores.

557, boulevard du Griffon, Gaspé
(L'Anse-au-Griffon), G4X 6A5
www.cafedelanse.com
418 892-0115 **$$**

Atkins et frères

Fumoir reconnu pour la qualité des poissons et fruits de mer fumés à chaud ou à froid (on rêve encore aux bouchées de saumon au sirop d'érable). Aussi : rillettes de truite, de saumon, de maquereau.

1, rue Chanoine-Richard,
Saint-Maxime-du-Mont-Louis, G0E 1T0
www.atkinsetfreres.com
418 797-5059

SAINTE-ANNE-DES-MONTS

Auberge festive Sea Shack

La quintessence de l'auberge de jeunesse : une ambiance de party, un bar extérieur à la déco tiki où l'on sert des cocktails improbables, une grande pièce pour cuisiner en communauté, une salle de séjour remplie de sofas et un jacuzzi sous les étoiles où le maillot est facultatif. Pour ceux qui souhaitent dormir (!), des chalets colorés (certains plus tranquilles), un tipi, une yourte et la possibilité de planter sa tente sur la plage. L'endroit compte aussi un resto où l'on sert des petits-déjeuners « Lendemain d'brosse » : bagel, œufs, jambon, bacon, cheddar, mayo, patates... C'est tout dire.

292, boulevard Perron Est,
Sainte-Anne-des-Monts, G4V 3A7
www.aubergefestive.com
418 763-2999 $-$$$

La broue dans l'toupet

Grillades, fruits de mer et produits locaux sont mis en valeur sur cette table, sans doute la meilleure de la Haute-Gaspésie. Une adresse qui se démarque dans une Gaspésie souvent très bonne franquette.

90, boulevard Sainte-Anne Ouest,
Sainte-Anne-des-Monts, G4V 1R3
418 763-3321 $$

Couleur Chocolat

Comment ne pas craquer pour le credo de cette chocolaterie fine : « Le chocolat, c'est comme l'amour, un peu chaque jour. » Pour ajouter aux 35 variétés déjà offertes, le chocolatier Carl Pelletier s'est inspiré du terroir gaspésien pour ses nouvelles créations : des chocolats forestiers au peuplier baumier, aux champignons sauvages ou au myrique, des espèces indigènes cueillies par les gens de Gaspésie Sauvage. À essayer, sans faute : le chocolat aux algues et le décadent caramel à la fleur de sel.

36, 2e Rue Ouest,
Sainte-Anne-des-Monts, G4V 2H1
www.couleurchocolat.ca
418 763-7535

MATANE

La Fabrique

Une brasserie artisanale où la dizaine de bières, brassées sur place, s'accompagnent d'un menu pub élaboré avec plusieurs produits du coin. On a adoré les saucisses à la bière et ses frites belges, arrosées d'un verre de Rivière blanche.

360, avenue Saint-Jérôme,
Matane, G4W 3B1
www.publafabrique.com
418 566-4020 $$

Note : l'été, vous devez arrêter à la cantine Chez Roger, pour leur formidable guédille au homard. Pas de salade de chou vinaigrée qui tue le goût du homard ni de laitue iceberg noyée de mayonnaise. Juste de la laitue croquante et de la chair rosée en bonne quantité. Sur la route de la mer, à Sainte-Flavie.

COUP DE CŒUR

L'AUBERGE DE MONTAGNE DES CHIC-CHOCS

Avec 4,8 bêtes au kilomètre carré, la réserve faunique de Matane affiche la plus forte concentration d'orignaux du Québec. C'est dans ce paradis, loin de toute civilisation, que se dresse la luxueuse Auberge de montagne des Chic-Chocs.

On peut s'y arrêter pour une seule nuitée (sauf le samedi) ou pour un plus long séjour.

L'auberge de 18 chambres est plantée en pleine nature sauvage, à 55 km au sud de Cap-Chat. C'est un lieu unique, coupé de la civilisation.

À l'arrivée, l'auberge ne se dévoile qu'au dernier tournant, campée à flanc de montagne, à 615 mètres d'altitude. Les visiteurs sont accueillis au son de la cloche, qui résonne à chaque nouvelle arrivée. Les membres du personnel sont dehors. On nous fait visiter : ici le bar, ici le spa extérieur, là les balcons suspendus.

Avec la clé de la chambre, on remet un nécessaire de survie : gourdes et sacs en filet pour contenir les victuailles de randonnée. Les chambres du deuxième étage ont des vues sur la chute Hélène et le mont Coleman. Stupéfiant.

La décoration ? Épurée, un brin campagnarde, avec des touches amusantes, comme ces crochets faits à partir de panaches d'orignaux.

Au programme : randonnée guidée, vélo de montagne, observation de la faune, ski et raquette l'hiver, détente et copieux repas partagés dans la grande salle à manger vitrée. Un cocon idéal pour décrocher, à toutes les saisons.

STÉPHANIE MORIN

Accueil :
10, rue Notre-Dame Est,
Cap-Chat, G0J 1E0
1 800 665-3091 **$$$**

LES SPORTS D'HIVER

Ski, raquette et... kayak !
Les parcs du Québec sont
beaux sous la neige.
Ils n'attendent que vous...

Photos : Stéphanie Morin

LA RAQUETTE DANS LE FJORD

Stéphanie Morin

Les amateurs de raquette peuvent découvrir les paysages grandioses du Sentier du fjord avec le forfait baptisé Attache ta tuque qui les mène dans les environs de la baie Sainte-Marguerite, sur la rive nord du fjord.

Au programme de ce forfait de trois jours : 21 km de randonnée, en raquettes ou en skis nordique, sur les crêtes qui dominent le fjord du Saguenay. Trois jours la tête au vent dans les nuages, les pieds dans la poudreuse, avec en prime, l'impression d'être seul au monde, sans aucune présence humaine pour venir ternir le décor.

Fermé pour l'hiver, le Centre de services du secteur de la baie Sainte-Marguerite n'est pas accessible aux voitures. C'est donc directement aux abords de la route 172 que le groupe doit enfiler ses raquettes à crampons. Bye-bye civilisation.

Après une heure de marche sur le chemin d'accès non déneigé, on s'enfonce dans la forêt pour longer les rives de la baie. Direction : le refuge de l'Anse-de-la-Barge, pour la soirée et la nuit.

C'est fou comme après une journée de randonnée hivernale (même sur du plat), un simple camp rustique vaut mieux que le plus chic des hôtels. Surtout quand, à l'arrivée, le feu crépite déjà dans le poêle à bois...

En effet, pendant la marche, un employé de la Ferme 5 étoiles est allé porter les bagages au refuge et en a profité pour mettre une bûche ou deux dans le poêle.

Sac de couchage, vêtements secs, nourriture, eau potable... tout est bien au chaud dans le camp. Il ne reste plus qu'à suspendre les mitaines mouillées au-dessus du poêle et déboucher une bouteille de vin qu'on boira en admirant le paysage.

Et quel paysage ! Au loin, l'eau froide du fjord brille sous les reflets du soleil couchant, mais sur les berges, des centaines de blocs de glace sont empilés, abandonnés par la marée. Bien assis au creux du hamac suspendu devant les larges fenêtres, on peut voir tout le fjord et ses falaises verticales.

C'est cette nature sauvage, indomptée, grandiose, qui charme les touristes venus d'ailleurs chercher « les grands espaces canadiens ». Mais combien de Québécois ont eu la chance de plonger dans ce décor de carte postale, surtout au cœur de l'hiver ? De fait, même en été, le fjord se fait désirer : les points de vue sur les eaux du Saguenay sont rarissimes.

Le lendemain, au lever, le vent fait claquer le drapeau du Québec planté près du camp. Aujourd'hui, le nom du forfait va prendre tout son sens. Oui, il va falloir attacher nos tuques pour ne pas se les faire arracher. Surtout que nous allons passer la journée entre 200 et 250 mètres d'altitude, sur le sommet des montagnes, avec le vent qui va frapper de plein fouet.

Pain rôti sur le poêle, fromage, jus d'orange, café. On devrait avoir assez de carburant pour tenir jusqu'au dîner, que l'on prendra dans un microrelais chauffé.

Pendant la première heure, la pente grimpe à pic entre les arbres. Du niveau de l'eau, on monte sans arrêt au sommet du cap Sainte-Marguerite. Sportif, le sentier du fjord ? Que oui ! Mais notre effort est récompensé : perché sur les hauts plateaux, on peut voir l'île Saint-Louis et les anses qui se succèdent sur la rive d'en face.

Le sentier mène ensuite à un site étonnant, d'une beauté qu'on ne soupçonnait pas : de gigantesques pylônes électriques se dressent sur le sommet dénudé. Près de ces monstres d'acier, on ressemble à des fourmis. Des fourmis transies par le vent qui souffle du nord avec une vigueur nouvelle. Après

Cinq heures de marche, 10 km de montées et de descentes, on atteint enfin la yourte du Faucon pèlerin, les jambes un peu raides, le visage rougi par le froid et le ventre qui crie famine... Le plus gros de l'effort est terminé. Demain, la journée sera plus courte : moins de deux heures pour rejoindre la Ferme 5 étoiles à partir de la yourte. Si on le voulait, on pourrait veiller toute la nuit... Mais après un souper chaud et un verre de bière, on tombe comme des mouches dans les lits superposés, pour rêver de neige, de vent et de falaises glacées.

Informations

Le forfait Attache ta tuque est offert par la Ferme 5 étoiles, un centre de vacances de Sacré-Cœur, en collaboration avec la Sépaq. Comptez autour de 100 $ par personne pour un groupe de 8 personnes. Le forfait comprend les deux nuits d'hébergement et le transport de bagages.

Ferme 5 étoiles
465, route 172 Ouest,
Sacré-Cœur, G0T 1Y0
www.ferme5etoiles.com
418 236-4833

RANDONNÉE CHEZ LES FANTÔMES

Un autre endroit, aussi au Saguenay-Lac-Saint-Jean, propose des sentiers de raquette dans un cadre hivernal magique. Et son nom dit tout : la vallée des Fantômes.

Dans la vallée des Fantômes, au parc national des Monts-Valin, il y a presque autant de neige dans les arbres qu'au sol. Il en tombe en moyenne cinq mètres par hiver, alors le meilleur moyen d'explorer les sentiers est de chausser des raquettes.

Les raquetteurs se donnent rendez-vous en milieu de matinée au centre de services du parc, où une navette les attend pour les mener 11 km plus haut. Les plus chevronnés, eux, peuvent commencer l'ascension à la base de la montagne.

Comme le taux d'humidité dans la vallée est élevé, la neige accumule de l'eau, devient collante et adhère aux branches. La vallée protège également les arbres des fortes bourrasques de vent. Les décimètres de neige recouvrent tellement les conifères qu'on a du mal à en distinguer les épines.

Dans les sentiers non balisés, la neige est si abondante qu'on peut sauter du haut de rocher de quelques mètres, sans se faire mal. La poudreuse amortit le choc. Aussi, par endroits, les randonneurs s'enfoncent jusqu'à la taille. L'effet de surprise déclenche les fous rires !

La vue au sommet du pic Dubuc permet de voir les Monts-Valin – qui font partie des Laurentides –, une partie de la ville de Chicoutimi et au loin, le lac Saint-Jean. À 980 mètres d'altitude, on se sent comme le roi du monde... ou la reine des neiges !

ÉMILIE BILODEAU

Parc national des Monts-Valin
300, rang Saint-Louis,
Saint-Fulgence, G0V 1S0
www.sepaq.com
418 674-1200

OÙ FAIRE DU TRAÎNEAU À CHIENS ?

Si vous êtes près du parc national du Saguenay, pensez à ajouter une activité à votre séjour hivernal : le traîneau à chiens. L'entreprise Plein Air de l'Anse propose l'initiation à la conduite de traîneau avec sa meute de huskies sibériens, malamutes d'Alaska et eskimos du Groenland. Des toutous affectueux qui quêtent les caresses des visiteurs avant leur expédition. La randonnée se fait dans la magnifique nature du fjord. Une activité qui sort de l'ordinaire, pour jeunes et moins jeunes.

Plein Air de l'Anse
190, chemin Périgny, L'Anse-Saint-Jean, G0V 1J0
www.pleinairdelanse.com
418 272-1540

Photo : Hugo-Sébastien Aubert

PRENDRE LE THÉ AVEC SES RAQUETTES

Un parfumé à la bergamote ou un rooibos aux éclats de pamplemousse ? Un thé vert sencha ou un chaï bio aux accents de cardamome et de muscade ?

Finie la triste époque où les marcheurs, raquetteurs ou skieurs de fond devaient, pour se réchauffer, se rabattre sur un pauvre chocolat chaud dilué à l'eau. Désormais, les visiteurs du parc national du Mont-Saint-Bruno peuvent s'arrêter au salon de thé Le Vieux-Moulin, pour savourer viennoiseries, chocolats fins ou thés infusés selon les règles de l'art.

Installé dans un bâtiment historique datant de l'époque seigneuriale, ce salon de thé est niché dans un magnifique écrin, fait de pierre et de bois. Les murs épais de cet ancien moulin à farine vieux de 250 ans forment une barrière infranchissable pour les rigueurs de l'hiver. Dehors, le vent peut rugir et le mercure, chuter ; ici, il fait toujours bon s'attabler sur une chaise rembourrée pour savourer une boisson chaude.

Le menu du Vieux-Moulin tient sur un petit tableau noir, mais tout y est de grande qualité. On y propose une dizaine de thés et de tisanes, préparés uniquement avec de l'eau de source. Chaque tasse servie est accompagnée d'un petit sablier qui indique le temps idéal d'infusion.

Pour les ventres creux, on offre croissants, pains au chocolat, abricotines, danoises...

La chocolaterie belge Heyez, dont la boutique a pignon sur rue tout près d'une des nombreuses entrées du parc, y vend aussi quelques-uns de ses chocolats fins. Et le chocolat chaud (car il en faut) ? Il est fait de pastilles chocolatées fondues doucement dans du lait chaud.

Tous ces délices exigent toutefois un peu d'effort. En effet, le salon de thé n'est pas accessible en voiture. Seuls les marcheurs et les fondeurs peuvent s'y rendre, après avoir dûment payé les frais d'accès au parc. Du stationnement qui jouxte le centre de découvertes et de services, il faut compter environ 2 km à pied.

Le Vieux-Moulin se situe sur le trajet du sentier de marche hivernale Seigneurial, qui ceinture le lac du même nom. Au total, ce sentier s'étend sur 7 km. On s'y balade sans trop d'effort, le lac d'un côté, la forêt de l'autre, sur un terrain de neige tapée mécaniquement - et par les pas des nombreux joggeurs qui l'empruntent été comme hiver. Nul besoin de raquettes, donc, mais des petits crampons peuvent s'avérer utiles.

STÉPHANIE MORIN

Parc national du Mont-Saint-Bruno
330, rang des 25 Est,
Saint-Bruno-de-Montarville, J3V 4P6
www.sepaq.com/pq/msb
450 653-7544

Photos : Marco Campanozzi

RAQUETTE AU SOMMET DANS CHARLEVOIX

Que ceux qui croient qu'une randonnée en raquettes est une balade du dimanche aillent se rhabiller. Sur le sentier des Caps de Charlevoix, on comprend vite la définition de l'expression « raquette de montagne ». Ouvert aux marcheurs l'été et aux fondeurs et raquetteurs l'hiver, le sentier des Caps offre plusieurs kilomètres de sentiers serpentant les montagnes qui bordent le fleuve Saint-Laurent, de Cap-Tourmente à Petite-Rivière-Saint-François.

S'il est possible de parcourir l'été le sentier d'une extrémité à l'autre, l'hiver, seule la portion reliant Saint-Tite-des-Caps à Petite-Rivière-Saint-François est ouverte aux raquetteurs pour de longues randonnées de quatre jours avec nuits en refuge. Il est aussi possible de boucler, dans ces deux secteurs, une randonnée en une journée. Ceux qui n'ont pas de raquettes peuvent en louer.

La vue ? Sublime. Le fleuve à nos pieds, fumant. Les îles de l'archipel de Montmagny qui semblent voguer au milieu des blocs de glace scintillants.

Avec environ 15 000 visiteurs par année, le sentier des Caps n'est plus le secret bien gardé qu'il était à ses débuts. En semaine, l'endroit est néanmoins un havre de paix. Certains sentiers ne sont pas tapés. Seul le chant des oiseaux vient briser le silence de la forêt. Et quelques jurons poussés par les raquetteurs...

À savoir : avant de partir en nature, vérifiez bien le niveau de difficulté du sentier, surtout si vous êtes avec des enfants ou des raquetteurs débutants.

VALÉRIE SIMARD

Sentier des caps
2, rue Leclerc,
Saint-Tite-des-Caps, G0A 4J0
www.sentierdescaps.com
418 823-1117

Auberge aux Eaux Vives

Un véritable coup de cœur. Ceux pour qui séjour à La Malbaie et vue sur le fleuve sont indissociables seront comblés par une escale à l'Auberge aux Eaux Vives, aménagée dans une ancienne maison de curé, dans le secteur Cap-à-l'Aigle.

Les clients ont accès à de grands espaces communs.

Trois chambres avec salle de bains privée, confortables et spacieuses.

Accueil chaleureux ; petits-déjeuners copieux et délicieux, mettant en valeur les produits de la région.

39, rue de la Grève,
La Malbaie, G5A 2R3
www.aubergedeseauxvives.com
1 888 565-4808 **$$**

Auberge Fleurs de Lune

Belle adresse pour admirer le soleil se lever au-dessus du Saint-Laurent. Nichée à flanc de colline, l'auberge compte 10 chambres. Plusieurs jouissent d'une vue sur le fleuve et d'un accès au grand balcon qui s'étend sur tout le devant de l'auberge, au deuxième étage.

L'auberge loue aussi une chambre à deux lits doubles pour la famille, deux grandes suites avec foyer ainsi qu'un petit chalet situé juste à côté du bâtiment principal.

301, rue Saint-Raphaël,
La Malbaie, G5A 2N6
www.fleursdelune.com
1 888 665-1020 **$$**

AUBERGE AUX EAUX VIVES

Photos : Bernard Brault

RANDONNÉES AUX FLAMBEAUX

C'était tellement une bonne idée au départ que c'est devenu une activité populaire un peu partout au Québec : faire une randonnée en raquettes, la nuit tombée.

Plusieurs parcs et centres de ski proposent désormais des balades aux flambeaux.

Deux recommandations :

Le parc national des Îles-de-Boucherville

Situé près de Montréal où, quelques fois durant l'hiver, les raquetteurs partent pour un peu plus d'une heure, à la tombée de la nuit. Le guide donne des explications sur l'hibernation des animaux durant la randonnée. Les jeunes adorent, d'autant qu'au retour, c'est pizza au chocolat cuite dans un four à bois !

www.sepaq.com

Le parc national du Mont-Mégantic

Situé dans les Cantons-de-l'Est, on y offre un forfait complet, avec repas et une soirée d'observation à l'Astrolab. Encore là, en famille, c'est une sortie magique. Loin, très loin de la ville.

www.sepaq.com

SKI : LES PETITS MONTS VINTAGE

Valérie Simard

Dans le monde du ski, une innovation n'attend pas l'autre. Que ce soit pour glisser, avec des planches profilées, ou pour monter les pentes, avec des télécabines très rapides. Les stations sont aussi de plus en plus grandes et proposent condos, entre autres attraits pour séduire les skieurs.

Dans ce contexte hyper compétitif, quel est l'avenir pour les petits centres de ski ? Et si leur côté rétro devenait un atout ?

Voici trois monts qui ont su garder leur charme d'antan.

MONT SUTTON

Regardez des vieilles photos du mont Sutton et vous constaterez que bien peu de choses ont changé. À part la forme des skis et le look des skieurs, tout est là : les chalets en bois, le foyer au sommet, les remontées mécaniques doubles et les vieilles dameuses Tucker Sno-Cat.

Les nombreux fidèles de la station le savent. Les autres le ressentent dès leur arrivée. À Sutton, on est ailleurs. Par le cachet rustique de ses installations et ses sous-bois sinueux qui se déploient de part et d'autre de la montagne, le centre de ski a conservé un air d'antan. Se perdre dans ce labyrinthe de sous-bois légendaire, skier dans la poudreuse et ne faire qu'un avec le relief naturel de la montagne, c'est un peu l'idée qu'on se fait du ski d'avant.

À 45 % naturelle, la neige est travaillée minimalement à la machine. Ce qui fait le bonheur des skieurs expérimentés, mais donne du fil à retordre à ceux qui sont plutôt habitués à glisser sur une surface damée.

Le mont Sutton a résisté à la vague de déboisement qui a déferlé sur l'industrie du ski au Québec. Pendant que de grands boulevards se dessinaient sur la face de plusieurs montagnes, à Sutton, on plantait des arbres pour assurer la pérennité des sous-bois.

Espèce en voie d'extinction, les chaises doubles sont reines. Le mont Sutton en compte six et n'a aucunement l'intention de s'en départir.

Les quatre chalets de la montagne, tout en bois, ont aussi résisté à la modernisation. À l'intérieur de trois d'entre eux trône un foyer pour réchauffer les skieurs gelés. Ou nostalgiques.

671, rue Maple, Sutton, J0E 2K0
www.montsutton.com
450 538-2545

MONT-GRAND-FONDS

Un chalet tout en bois, des divans rétro, un T-Bar et beaucoup de neige naturelle.

Établi sur la montagne Noire, près du village de La Malbaie, Mont-Grand-Fonds a droit à un enneigement exceptionnel. La station attire son lot de fidèles qui retrouvent, année après année, la montagne qu'ils aiment tant dévaler : 14 pistes longues, variées et sans faux plat. Certaines sont parsemées de bouleaux pour créer un effet de sous-bois très aéré. La glace est rare et le dénivelé est intéressant, 335 mètres.

Certains skieurs lui sont fidèles depuis son ouverture en 1972. L'employé qui s'occupe du damage des pistes est en poste depuis le premier jour. Au volant de la même dameuse, dont il refuse de se départir.

Le téléski d'origine est resté et demeure encore aujourd'hui en fonction les fins de semaine. Il est accompagné d'une remontée quadruple qui a remplacé le télésiège double en 1986. Alors que la vue d'un T-Bar réveille des cauchemars chez de nombreux skieurs, d'autres débordent d'enthousiasme à l'idée de s'y accrocher pour grimper la montagne.

Car les skieurs du Mont-Grand-Fonds sont attachés aux traditions. Lorsqu'il est arrivé en poste, le directeur de la station a voulu remplacer les vieux sofas orange qui entourent le foyer situé à l'intérieur du bar. Les clients ont poussé les hauts cris. « Ils ne veulent pas un palais, ils veulent un chalet », conclut Alain Goulet. Les sofas sont donc restés !

1000, chemin des Loisirs,
La Malbaie, G5A 1Y8
www.montgrandfonds.com
1 877 665-0095

Photo : Marco Campanozzi

Il n'y a pas si longtemps, on distinguait les remontées mécaniques par leur couleur. Puis, les chiffres ont pris le dessus. Mais pas à Owl's Head, une station établie dans un décor sublime qui présente le quatrième dénivelé de la province, avec 540 mètres.

Il y a la Noire, la Verte, la Bleue et la Petite Rouge.

Avec la vue qu'ont les skieurs sur le majestueux lac Memphrémagog, les remontées de couleur font partie du charme de cette station de Mansonville, dans les Cantons-de-l'Est. Ce look retro est renforcé par les petites cabanes de bois érigées près des descentes des remontées ainsi que par le chalet principal et l'auberge recouverte de bois de cèdre. À part la cafétéria qui été rénovée, tous les bâtiments ont conservé un aspect rustique.

Neuf remontées desservent les cinquante pistes de la station, ce qui fait en sorte qu'on attend rarement au pied des pentes. La plus ancienne, la Rouge rebaptisée Panorama, date de l'ouverture de la station en 1966. Les autres ont été installées au fil des ans, jusque dans les années 80. Plusieurs de ces remontées vivent à Owl's Head leur seconde vie. La Verte a été rachetée à une station américaine lorsque des pressions environnementales ont eu raison de son implantation dans les Rocheuses.

« La chaise Verte est une chaise que les gens aiment prendre le printemps, quand le soleil brille et que c'est beau et chaud. Ils s'assoient et se relaxent. Et ils peuvent dormir, parce que ça ne va pas très vite ! » blague Fred Korman, fondateur de la station qui, à plus de 80 ans, est toujours à la barre de l'entreprise.

À l'instar de la Panorama, la chaise Verte n'est mise en fonction que lors des journées de grande affluence. « C'est aussi une gâterie parce que les gens aiment monter dans ces chaises, ça rappelle des souvenirs », note le directeur des ventes et du marketing de Owl's Head, Luc St-Jacques.

En arrivant au chalet principal, les skieurs peuvent toujours apercevoir, tel un objet de musée, les vestiges de la Petite Rouge, avec sa tour de métal recouverte par un abri de bois. Au bout de la remontée, à mi-montagne, on peut admirer la vieille descente de bois jadis utilisée par les skieurs. Pas question pour le moment de la démonter, assure Fred Korman. Toujours fonctionnelle, elle pourrait même un jour être remise en marche.

« Dans l'industrie du ski en Amérique du Nord, il y a beaucoup de chaises de cet âge qui sont encore en fonction, indique Fred Korman. C'est comme une voiture. Ça dépend de l'entretien. » Et ses « voitures », M. Korman en prend grand soin.

40, chemin du Mont Owl's Head, Potton, J0E 1X0
www.owlshead.com
450 292-3342

VISITE GUIDÉE

Stéphanie Morin

Bromont

Sur la rue principale – la rue Shefford –, restaurants, cafés et boutiques se dressent dans des maisons plus que centenaires, alignées à l'ombre du clocher de l'église. C'est là qu'on découvre le vrai charme de Bromont.

Bibop et Loula

Près de 30 artistes et artisans québécois, dont plusieurs artistes récupérateurs, exposent leurs œuvres dans cette boutique colorée et rigolote. Bijoux faits à partir d'ustensiles de cuisine ou de chambre à air, tricots en laine d'alpaga, colliers de cuir recyclé créés dans l'atelier adjacent à la boutique...

663, rue Shefford, Bromont, J2L 1C2
450 919-1818

Désirables Gâteries

Sitôt qu'on franchit le seuil de cette maison ancestrale, l'odeur saute aux narines ; celle des tartes au sirop d'érable sortant du four qui refroidissent sur une grande table en bois. Dans les étalages de ce restaurant qui a su préserver le savoir-faire de nos grands-mères : des tartes, à la pâte feuilletée craquante et bien dorée. Tartes aux framboises, aux pommes ou aux raisins, mais aussi carrés aux dattes, muffins, « pets de sœur » et tartes salées pour emporter. On peut aussi boire un café sur place.

659, rue Shefford, Bromont, J2L 1C2
450 534-4785 $

La Belle vieillerie

Deux bâtiments ancestraux, une maison de brique vieille de 125 ans et son ancien hangar à grains. Depuis plus de 25 ans, l'antiquaire La Belle vieillerie se partage les deux édifices. D'un côté, des milliers d'antiquités sont entassés dans un fatras, comme on les aime. De vieux moules en fonte voisinent une bécane des années 30, de vieux grelots d'attelage, de la vaisselle ou un étui de violoncelle en bois embouveté. Dans la maison d'à côté, les proprios (antiquaires de mère en fille) vendent plutôt des objets-cadeaux d'esprit champêtre et des reproductions de meubles d'inspiration québécoise.

809, rue Shefford, Bromont, J2L 1C4
450 534-3695

Canael

En poussant l'exploration hors des limites du vieux village, on peut dénicher de véritables trésors. C'est le cas de cette boulangerie-pâtisserie aux étalages toujours bien garnis. Le boulanger, Michaël Roger, a développé son levain à base de miel et d'épices. Ici, les amoureux de la boulange ont l'embarras du choix : pain au vin, saucisson et pistaches, cheddar et lardons, curcuma... Coup de cœur : la tarte aux tomates et mozzarella, qui mérite à elle seule le détour à partir de l'autoroute 10. Brunch le dimanche.

1389, rue Shefford, Bromont, J2L 1E2
www.canael.com
450 534-0244 $

Studiotel Bromont

Ancien motel complètement transformé. Les murs sont tombés et les petites chambres en rangées ont fait place à de grands studios lumineux. Les chambres jouxtent des cuisines entièrement équipées : une cuisinière (une vraie, pas uniquement un pauvre micro-ondes ou un réchaud), un frigo, de la vaisselle en quantité, une table, quatre chaises. Un petit chez-soi loin de chez soi, parfait quand on veut rentrer à la « maison » après une journée de ski, sans toujours passer par le restaurant. Bonne nouvelle : le Studiotel Bromont est à moins de cinq minutes en auto des pentes de ski.

229, boulevard de Bromont,
Bromont, J2L 2K9
www.motelbromont.com
450 534-9999 $$

LA BELLE VIEILLERIE

BIBOP ET LOULA

Photos : Robert Skinner

DU SKI AU SAGUENAY

Émilie Bilodeau

De passage dans la région du Saguenay, les skieurs et planchistes vont découvrir deux secrets bien gardés. La neige au Valinouët de Saint-David-de-Falardeau est 100 % naturelle. À la station Mont-Édouard, à L'Anse-Saint-Jean, les skieurs profitent d'un des plus grands dénivelés du Québec et d'un vaste secteur hors piste. Leur point en commun ? Les jours de tempête, les pistes se recouvrent de belle poudreuse.

VALINOUËT

Les canons à neige sont introuvables au Valinouët. Et pour cause : la station de ski reçoit une moyenne de six mètres d'or blanc chaque hiver. Ce qui en fait l'une des rares montagnes de la province où l'on skie sur de la neige naturelle. Seulement de la neige naturelle.

La qualité de glisse est unique. Dès la première descente, on remarque que les virages se font doucement et que la friction des skis sur le sol est silencieuse.

Ce terrain de jeux s'étend sur 28 pistes. La moitié est facile ou intermédiaire, l'autre est très difficile ou extrêmement difficile.

200, route du Valinouët, Falardeau, Saint-David-de-Falardeau, G0V 1C0
www.valinouet.qc.ca
1 866 260-8254

OÙ DORMIR ?

Le Valinouët mérite absolument qu'on s'y arrête pour un séjour. Cependant, les secteurs de la restauration et de l'hôtellerie sont encore peu exploités dans cette région des Monts-Valin. Notre recommandation : l'auberge Carcajou.

Lise Tremblay, sa fille Émy et son fils Charles entretiennent la maison située à 20 km du Valinouët. L'accueil est exceptionnel ; les repas, délicieux et préparés à base de nombreux produits locaux. Demandez-leur de patiner sur le lac caché par les arbres. Le soir, il est éclairé par des flambeaux.

305, chemin Lévesque,
Saint-David-de-Falardeau, G0V 1C0
www.aubergecarcajou.com
418 673-1991

MONT-ÉDOUARD

La première chose qui frappe, lorsqu'on regarde le plan de la station Mont-Édouard, est le très petit nombre de pistes faciles. La carte est tapissée de losanges noirs. Ce sont des pistes très difficiles ou extrêmement difficiles...

Les moins habiles peuvent y trouver leur compte, mais cette montagne de L'Anse-Saint-Jean s'adresse assurément aux vrais mordus de neige.

Un exemple ? Le secteur hors piste nommé Quatre-Temps. Pour s'y rendre, on traverse la longue passerelle de 75 mètres qui donne accès à de nouveaux sous-bois.

Lorsqu'il neige, la poudreuse s'accumule dans le nouveau secteur, au plus grand bonheur des skieurs. Le terrain ne fait l'objet d'aucun entretien ou patrouille. Un grand panneau présente les règlements. En gros caractères, l'un d'entre eux indique : « Frais de sauvetage : 250 $ ». Le port du casque est bien évidemment obligatoire.

Les sous-bois de Mont-Édouard font partie des plus longs du Québec. La montagne s'élève à 450 mètres.

67, rue Dallaire,
L'Anse-Saint-Jean, G0V 1J0
www.montedouard.com
418 272-2927

Photo : Bernard Brault

NOTRE MONTAGNE CHOUCHOU

MASSIF DE CHARLEVOIX

De plus en plus, le Massif de Charlevoix apparaît sur les palmarès destination des médias internationaux. C'est en partie grâce à l'offre touristique diversifiée et de très haut niveau offerte par le groupe Le Massif, qui comprend notamment le Train et le merveilleux complexe hôtelier La Ferme. Ah oui, il y a autre chose : la montagne. Merveilleuse, avec le fleuve à ses pieds, que l'on soit en skis ou dans une télécabine, à regarder l'Isle-aux-Coudres au loin et la Côte-du-Sud de l'autre côté du fleuve.

Une douzaine de pistes sont classées « faciles », ce qui défait le mythe disant que le Massif est une montagne d'experts. C'est aussi une destination familiale de choix.

ET UN PETIT TOUR EN LUGE...

Pensez essayer la luge, au mont à Liguori, lors de votre prochain séjour. Une descente de 7,5 km, supervisée par des pros, merci, mon Dieu ! Les plus téméraires choisiront le modèle de luge position tête première. Mais même sur la luge traditionnelle en bois, ça décoiffe. Heureusement, le port du casque est obligatoire...

À inclure dans un séjour ski, absolument.

455, route 138,
Petite-Rivière-Saint-François, G0A 2L0
www.lemassif.com
877 536-2774

TREMBLANT, VERSION PAS (TROP) CHÈRE !

Stéphanie Morin

En 1939, un millionnaire excentrique, Joe Ryan, fait installer au Mont-Tremblant le premier télésiège au pays. Aujourd'hui, la station accueille 2 millions de visiteurs chaque année.

Elle profite d'un dénivelé imposant, 645 mètres, et dispose de 95 pistes, dont une majorité destinée aux skieurs intermédiaires et avancés. Elles sont desservies par 14 remontées mécaniques et réparties sur 4 versants.

Bref, le domaine skiable à entretenir est colossal et le prix des billets sera toujours plus élevé à Tremblant que dans les stations voisines, de dimensions plus modestes.

Toutefois, il existe plusieurs façons d'économiser si on souhaite séjourner à la station, et ce, sans pour autant se retrouver à l'auberge de jeunesse.

Une bonne option : l'hôtel Kandahar situé au cœur du village piétonnier. On peut même y accéder en skis. Les chambres y sont très confortables, le service Internet sans fil est gratuit et l'hôtel dispose d'un jacuzzi extérieur chauffé et de casiers verrouillés pour entreposer les planches. Et comme pour tous les hôtels de la station Tremblant, dormir au Kandahar permet d'accéder aux pentes 30 minutes avant les autres clients ; on peut ainsi laisser les premières traces sur la montagne fraîchement damée... ou couverte de neige fraîche.

Mieux, on trouve dans les chambres de la vaisselle, un minifrigo et un grille-pain. On peut donc diminuer les dépenses en prenant le lunch à la chambre.

La station offre aussi des rabais allant jusqu'à 20 % pour les séjours de deux nuits ou plus. Évidemment, le rabais accordé est plus grand pendant la semaine que les week-ends. Et pendant la période des

Photos : Alain Roberge

Fêtes, les tarifs bondissent ; les économies sont alors presque impossibles.

Autre moyen de réduire les dépenses : les offres de dernière minute diffusées uniquement sur le site Internet de la station. Les chambres invendues sont soldées à un prix nettement inférieur. Une chambre dans un établissement cinq étoiles peut être offerte à 129 $ la nuit, par exemple.

Les billets de remontée peuvent aussi être achetés à prix réduit. À surveiller : les forfaits offerts en ligne.

ACTIVITÉ DE SOIRÉE

Dès que le temps le permet, un sentier glacé tout illuminé accueille les patineurs près de la vieille chapelle Saint-Bernard. Les patins sont prêtés gratuitement pour les clients en hébergement du centre de villégiature Tremblant.

ACTIVITÉ DU MATIN

Un tout nouveau sentier de raquettes relie désormais le pied de la montagne de ski à l'un des refuges chauffés du Domaine Saint-Bernard. Un aller-retour de 5,2 km par le bois et le golf, avec de beaux points de vue sur le lac Tremblant. Billets et location de raquettes offerts à la boutique Explore !

Prix : autour de 20 $ pour deux accès au Domaine Saint-Bernard
www.tremblant.ca

OÙ DORMIR ?

Hôtel Kandahar
Village piétonnier Tremblant
www.tremblant.ca
1 888 738-1777 **$$**

Photos : Martin Chamberland

SKI DE FOND DANS LANAUDIÈRE

Stéphanie Morin

Chez les Gadoury, à Saint-Jean-de-Matha, le ski de fond est une affaire de famille.

Il y a plus de 35 ans, Réjean Gadoury a racheté la terre familiale sur laquelle il avait grandi pour ouvrir l'auberge et le centre de ski de fond de la Montagne coupée. Aujourd'hui, sa fille Martine a repris les rênes du centre de ski de fond.

Situé à une heure à peine de Montréal, Ski Montagne coupée a gardé la cote auprès des fondeurs amoureux de terrains vallonnés. Car ici, le terrain plat est une rareté. Les 40 km linéaires de pistes classiques et les 30 km de pistes pour pas de patin serpentent entre forêt et clairière, par monts et vallées. Résultat : 8 des 11 pistes du centre sont de niveau intermédiaire et exigent quelques efforts avant de récompenser les skieurs de leurs plus beaux points de vue.

Ainsi, la piste 5.3 longe la falaise de la Montagne coupée avant de grimper au sommet du mont Saint-Joseph, la partie tronquée de la Montagne coupée. Par temps clair, on peut voir les sept clochers des villages environnants et, au loin, les gratte-ciel de Montréal. La piste 6.9, un des tracés chouchous de la clientèle, mène quant à elle jusqu'à la rivière L'Assomption, qu'elle longe sur quelques kilomètres.

204, chemin de la Montagne-Coupée, Saint-Jean-de-Matha, J0K 2S0
www.skimontagnecoupee.com
450 886-3845

OÙ MANGER ?

Auberge La Montagne coupée

Le restaurant de cette auberge de 47 chambres propose un menu gastronomique inspiré des produits de la région. On a testé la frittata au confit de canard, champignons sauvages et cheddar de la fromagerie Champêtre. Très bien, sans prétention et parfait pour couper la journée de ski de fond en deux !

1000, chemin de la Montagne-Coupée, Saint-Jean-de-Matha, J0K 2S0
www.montagnecoupee.com
450 886-3891

Le Crapo

Installé dans l'ancien presbytère de Saint-Jean-de-Matha, le Crapo (Centre régional d'animation du patrimoine oral) est devenu le quartier général des amateurs de musique traditionnelle de la région. La petite salle présente spectacles, cinéma d'auteur et soirées d'improvisation musicale. Un café bistro est aussi ouvert quelques jours par semaine et les soirs de spectacles. La spécialité : le jus de gingembre maison.

187, rue Sainte-Louise, Saint-Jean-de-Matha, J0K 2S0
crapo.qc.ca
450 886-1515

VISITE GUIDÉE

Stéphanie Morin

Saint-Côme

Le village de Saint-Côme est situé à environ une heure et demie de route de Montréal, et pourtant, il est épargné des hordes de touristes. Même l'hiver, où il se fait si beau. Chut ! Il faut le garder ainsi...

Au plaisir des sens

On craque pour ce café installé dans l'une des plus vieilles maisons de Saint-Côme. De la bouffe maison, du café bio, du thé en feuilles et des rangées de livres qu'on peut louer pour quelques dollars. Au rez-de-chaussée, à la section boutique, on peut se procurer des pièces de métiers d'art signées par plusieurs créateurs québécois.

1461, rue Principale,
Saint-Côme, J0K 2B0
450 883-2477 $

Chez Roger l'Ermite

Gros coup de cœur pour les écogîtes de Roger l'Ermite. Les refuges, plantés à flanc de montagne ou en pleine forêt, offrent toute la rusticité chic du bois récupéré (un arbre creux sert même de garde-manger), avec un surplus de confort : fenêtres isolées orientées plein sud, planchers de béton, hamac suspendu, éclairage d'appoint, cuisine équipée et poêle à combustion lente hyper efficace. Un endroit rêvé pour décrocher.

335, 48e avenue Rivière-de-la-Boule,
Saint-Côme, J0K 2B0
www.chezrogerlermite.ca
514 993-3567 $$

Vanille et Cassonade

Tartes, galettes, gâteaux et biscuits savoureux mitonnés sur place par les proprios. À mettre à l'itinéraire des gourmands.

1441, rue Principale,
Saint-Côme, J0K 2B0
450 883-0222 $

Val Saint-Côme

À l'écart du grand axe de l'autoroute 15 et des nombreuses stations de ski qui le jalonnent, Val Saint-Côme reste encore un joyau méconnu pour plusieurs skieurs de la grande région de Montréal. Pourtant, son dénivelé de 300 mètres est plus élevé que celui de toutes les stations des Laurentides, hormis Tremblant. Et ses pistes offrent un bel éventail de possibilités, tant aux débutants qu'aux skieurs aguerris.

501, rue Val-Saint-Côme,
Saint-Côme, J0K 2B0
www.valsaintcome.com
450 883-0701

Parc de la Chute-à-Bull

Le parc de la Chute-à-Bull porte le nom du premier exploitant forestier du coin, un certain Henry Bull. Des sentiers de randonnée en raquettes sont balisés pour l'hiver. Le plus fréquenté – une boucle longue d'à peine plus de 1 km – passe par le petit pont couvert qui enjambe la rivière, réplique d'un ancien pont qui se dressait jadis au village de Saint-Côme. Il mène ensuite, à travers les pins blancs et les épinettes, jusqu'à une plateforme qui surplombe la chute. D'en haut, la vue sur les montagnes est splendide.

Les sentiers sont tout indiqués pour une balade en famille entrecoupée d'une pause chocolat chaud autour du brasero de la halte Normand ou sur une des tables à pique-nique près de la chute.

Pour les marcheurs en quête de plus grands espaces, le parc est relié aux 30 km de sentiers du Club de raquette de Saint-Côme, ainsi qu'au Sentier national.

L'accès aux sentiers est gratuit et les chiens en laisse sont admis. Quatre refuges rustiques sont offerts en location pour 25 $ par personne, par nuit.

Accès au parc par le rang des Venne
www.parcsregionaux.org
450 883-2730

L'ÉCOGÎTE ROGER L'ERMITE

CAFÉ AU PLAISIR DES SENS

STATION DE VAL-SAINT-CÔME

Photos : Martin Chamberland

POUR LES PLUS AVENTURIERS

LE KAYAK DE MER

Chaque année, quand l'hiver tire à sa fin, au moment où les glaces se promènent encore sur les eaux du Saint-Laurent, les mordus de kayak mettent leurs embarcations à l'eau à La Malbaie. Cette activité hors du commun se poursuit jusqu'à la mi-avril, dans la région de Charlevoix.

Lorsqu'il décrit les beautés du kayak hivernal, Sébastien Savard assure qu'il ne « chouenne » pas. « Chouenner », en langage charlevoisien, signifie raconter une histoire en se permettant quelques largesses. « Quand il fait soleil, le contraste entre le bleu et le blanc des glaces est extraordinaire », s'extasie le directeur de l'entreprise Katabatik, qui offre des sorties en kayak été comme hiver sur le fleuve Saint-Laurent.

Partant du quai du secteur de Cap-à-l'Aigle, les kayakistes se dirigent vers la baie de La Malbaie, en passant devant une succession de petites pointes rocheuses et une falaise impressionnante qui accueille régulièrement des grimpeurs sur glace. Un trajet de 8 km aller-retour.

Les sorties en kayak de glace permettent à l'occasion d'observer des phoques et plusieurs espèces d'oiseaux comme des guillemots.

À savoir : la tenue de l'activité est sujette à plusieurs conditions météorologiques, et les sorties peuvent être annulées à la dernière minute. Pour les sportifs de plus de 12 ans.

VALÉRIE SIMARD

Katabatik
210, rue Sainte-Anne,
Baie-Saint-Paul, G3Z 1P8
www.katabatik.ca
418 435-2066

LE SKI-RAQUETTE

La Forêt Montmorency est située à plus de 70 km de Québec par la route 175 – celle qui file vers Saguenay. Depuis 1964, la faculté de foresterie de l'Université Laval y réalise divers travaux de recherche sur l'aménagement du paysage forestier. Des centaines de fondeurs, raquetteurs et randonneurs sur neige y vont chaque année profiter de l'abondance de la neige, notamment avec une nouvelle activité : le ski-raquette. Ce sport hybride, qu'on appelle parfois ski Hok, permet à la fois la glisse et la marche sur la neige et se pratique sur des skis courts munis de peaux synthétiques qui facilitent les montées. La Forêt offre la location.

Quiconque n'a jamais posé le pied dans la Fôret Montmorency pourrait croire que sports de plein air et coupe forestière ne font pas bon ménage. Pourtant, les coupes partielles réalisées par les chercheurs ont surtout permis de dégager des sentiers ou d'éclaircir des secteurs, sans entamer le caractère boisé du lieu. De fait, les coupes ont façonné le terrain de telle façon qu'il semble dessiné exprès pour le ski-raquette. Des bandes étroites ont été dégagées au milieu des sapins, entre le sommet et le pied des montagnes, ce qui offre des couloirs parfaits pour les descentes. Genoux fléchis, un peu à la manière du télémark, on peut glisser sur la neige vierge dans des sous-bois en doux relief.

À savoir : la Forêt dispose de 75 chambres en occupation double, de chalets et de camps rustiques pour l'hébergement.

STÉPHANIE MORIN

Forêt Montmorency
Route 175 (km 103)
Lac-Jacques-Cartier
www.fm.ulaval.ca
418 656-2031

Photos : Hugo-Sébastien Aubert

Photo : Edouard Plante-Fréchette

LES ESSENTIELS DE L'HIVER

Pour vraiment goûter la saison blanche, il faut sortir. Aller à la pêche ou au spa. Aux Îles-de-la-Madeleine ou aux pommes. Il faut affronter le froid, avoir les joues rouges et respirer un grand coup dans l'air glacé.

ÎLES-DE-LA-MADELEINE

Photos : Martin Chamberland

ALLER AUX POMMES GIVRÉES

L'automne est révolu, il a neigé, gelé, la nature s'est endormie et pourtant la période des récoltes n'est pas encore terminée! Sortez vos mitaines, c'est le temps d'aller parcourir les vergers givrés pour y récolter les pommes volontairement abandonnées à la morsure du froid qui sont destinées à la fabrication de cidre de glace. Les Vergers Lafrance de Saint-Joseph-du-Lac invitent chaque année les familles à participer à la cueillette des pommes gelées. Plusieurs activités sont au programme. Unique.

VIOLAINE BALLIVY

Vergers Lafrance
1473, chemin Principal,
Saint-Joseph-du-Lac, J0N 1M0
www.lesvergerslafrance.com
450 491-7859

CINQ FORMIDABLES CIDRERIES À VISITER L'HIVER

La cidrerie Michel Jodoin
1130, rang de la petite Caroline,
Rougemont, J0L 1M0
www.micheljodoin.ca
450 469-2676

Le Clos Saragnat
100, chemin Richford,
Frelighsburg, J0J 1C0
www.saragnat.com
450 298-1444

Le Domaine Pinnacle
150, chemin Richford,
Frelighsburg, J0J 1C0
www.domainepinnacle.com
450 298-1226

La Cidrerie du Minot
376, chemin du Covey Hill,
Hemmingford, J0L 1H0
www.duminot.com
450 247-3111

La Face cachée de la pomme
617, route 202, Hemmingford, J0L 1H0
www.lafacecachee.com
450 247-2899

ESSAYER LA PÊCHE BLANCHE

C'est aussi une expérience hivernale à découvrir, entre adultes ou en famille. Le classique, c'est bien sûr d'aller aux petits poissons des chenaux, à Sainte-Anne-de-la-Pérade en Mauricie, pour la beauté des centaines de petites cabanes qui s'installent sur la rivière Sainte-Anne.

Mais attention : la pêche blanche, ce n'est pas fait que pour les touristes étrangers en visite. Tout le monde devrait l'essayer une fois dans sa vie !

DEUX AUTRES OPTIONS

En ville, à Laval, on peut aussi taquiner le poisson sur la rivière des Mille-Îles et des animateurs sont sur place les week-ends pour initier les enfants à la pêche blanche. Infos : www.parc-mille-iles.qc.ca

Au Saguenay, trois secteurs de la baie des Ha! Ha! sont ouverts à la pêche sur la glace, sans permis. Selon les endroits, on y pêche l'éperlan ou les poissons de fond comme le sébaste, la morue ou le flétan du Groenland. Il arrive même parfois qu'un pêcheur accroche un requin du Groenland !

La baie des Ha! Ha! gelée, c'est comme un grand village. Un village où la taille des maisons est réduite, où les motoneiges circulent dans les rues et où tout le monde se connaît.

Avant d'entrer au village, on s'arrête au Musée du Fjord pour s'initier à la faune sous-marine que l'on ira taquiner. Le musée abrite un aquarium d'eau salée et présente un spectacle multimédia sur les beautés du fjord.

VALÉRIE SIMARD

Musée du Fjord
3346, boulevard de la Grande-Baie Sud,
Saguenay (La Baie), G7B 1G2
www.museedufjord.com
418 697-5077

VISITER UN MARCHÉ DE NOËL

Dans les années 2000, les marchés de Noël se sont multipliés dans les villes et villages du Québec, inspiré par la tradition européenne. Ceux de Longueuil et L'Assomption sont particulièrement charmants, avec leurs artisans locaux à découvrir. À Québec, il faut aussi aller voir l'imposant marché du Vieux-Port, dans une ambiance très festive.

Photo : David Boily

PATINER DANS LE BOIS

L'hiver, tous les villages du Québec ont leurs patinoires, plus ou moins bucoliques, mais il n'y a rien comme celle du Domaine de la forêt perdue, à Notre-Dame-du-Mont-Carmel près de Trois-Rivières. Un long sentier de 10 km glacé est aménagé, en plein dans le bois! C'est comme aller prendre une marche en nature, mais patins aux pieds. On adore.

Domaine de la forêt pedue
1180, rang Saint-Félix Est,
Notre-Dame-du-Mont-Carmel, G0X 3J0
www.domainedelaforetperdue.com
819 378-5946

SE DÉTENDRE AU SPA NORDIQUE

Le caractère nordique du Québec a favorisé le développement des spas en nature, dont certains sont tout simplement des petits paradis. On les aime à l'heure bleue, l'automne, quand les feuilles sont tombées, ou dans la pluie froide d'une grisaille printanière. Mais c'est vraiment l'hiver qu'une saucette dans un bain d'eau bouillante, avec un petit bonnet pour garder la tête au chaud, est magique. Lorsque la fumée de l'eau est intense, qu'il fait au maximum − 20°C dehors et que les arbres sont glacés. Une expérience à vivre une fois, tous les hivers!

Gros coup de cœur pour la Source à Rawdon, un endroit tranquille et entouré d'une nature à la fois sauvage et apaisante.

Le Station Blü à Saint-Tite-des-Caps est un super arrêt en route vers Charlevoix. Les lieux sont modernes, magnifiques et appellent à la détente totale.

À Montréal, Strom à L'Île-des-Sœurs réussit un miracle : on se sent totalement en nature, pas si loin du centre-ville et tout près de tours de condos. Vraiment, un endroit à découvrir.

Dans les Cantons-de-l'Est, trois choix. D'abord, le spa d'Eastman qui offre de l'hébergement et une foule de soins et d'activités qui font du bien au corps et à l'esprit. Le magnifique, et même un peu chic, Balnea à Bromont, qui propose plusieurs activités, dont plusieurs à caractère gastronomique. Plus couru, mais certainement pas moins agréable.

Et le plus confidentiel Spa des chutes de Bolton, à Bolton Est qui permet une saucette en rivière pour l'effet vivifiant…

La Source bains nordiques
4200, Forest Hill, Rawdon, J0K 1S0
www.lasourcespa.com
1 877 834-7727

Station Blü bains nordiques
593, route 138,
Saint-Tite-des-Caps, G0A 4J0
www.stationblu.ca
418 647-3868

Strom spa nordique
1001, boulevard de la Forêt,
Montréal, H3E 1X9
www.stromspa.com
514 761-2772

Spa Eastman
895, chemin des Diligences,
Eastman, J0E 1P0
www.spa-eastman.com
450 297-3009

Balnea Spa
319, chemin du Lac Gale,
Bromont-sur-le-Lac, J2L 2S5
www.balnea.ca
450 534-0604

Spa des chutes de Bolton
883, route Missisquoi, Bolton-Est, J0E 1G0
www.spabolton.com
450 292-4772

Photo : Marco Campanozzi

STROM SPA NORDIQUE

Photo : Marco Campanozzi

ALLER GLISSER, CE PLAISIR (NON) COUPABLE

Violaine Ballivy

Bon, ça suffit les petits préjugés : la glissade, ce n'est pas que pour les enfants ! C'est aussi pour les grands qui ont le bon prétexte d'accompagner un petit pour s'en donner à cœur joie sur les pentes...

Voici des endroits où l'on peut glisser sans complexe. Car c'est vraiment cool...

PIEDMONT

Une affaire de famille, la glissade ? C'est d'autant plus vrai ici, aux Glissades des Pays d'en Haut : la gestion de ce centre des Laurentides est assurée de père en fils et en filles depuis 50 ans. Mais heureusement, les choses ont bien changé depuis l'époque où l'on s'élançait sur de robustes traînes sauvages en bois, sur deux pistes seulement. Le centre en compte maintenant une variété remarquable, pour les petits comme les grands qui ne manqueront pas d'aimer les pistes avec virages de type bobsleigh, franchement plus excitantes que les tracés en ligne droite. De vraies montagnes russes de neige et de givre ! Des descentes dans des soucoupes pouvant accueillir huit personnes et en rafting sont aussi offertes. Une très belle adresse pour

les sorties avec adolescents, ou entre amis, d'autant plus que les pistes sont presque toutes éclairées le soir.

Glissades des Pays d'en Haut

440, chemin Avila, Piedmont, J0R 1K0
www.glissades.ca
450 224-4014

Aussi à Piedmont, les glissades du Mont-Avila sont parfaites pour les jeunes familles avec des pistes conçues pour les enfants de 5 ans et moins, petits frissons inclus, grosses frayeurs exclues.

Mont-Avila

500, chemin Avila, Piedmont, J0R 1K0
www.montavila.com
450 227-4671

MONTRÉAL

Les Montréalais sont choyés, il leur suffit d'enfiler leur habit d'hiver et de sauter dans un métro ou un bus pour s'en donner à cœur joie en plein centre de la métropole, aux glissades du mont Royal. Des couloirs pour la glissade sur tube sont aménagés près du lac des Castors, ouverts tous les jours, mais non le soir. Si on préfère le plus classique quoique moins confortable *crazy carpet* – qui se trimballe aussi bien qu'un tapis de yoga dans les transports en

commun –, d'autres pentes près du lac s'y
prêtent tout aussi bien. C'est l'endroit qui
convient autant pour les sorties avec les
copains, quand on veut s'ouvrir l'appétit
avant le copieux souper du samedi soir,
que pour les escapades en famille du
dimanche matin avec les neveux et nièces.
Un incontournable.

Chalet du lac des Castors, parc du Mont-Royal
1260, chemin Remembrance,
Montréal, H3H 1A2

QUÉBEC

Installées pour la première fois dès 1905,
les glissades de la terrasse Dufferin ont été
abandonnées, puis relancées de manière
permanente il y a 25 ans. Exceptionnellement
bien situées, juste à l'arrière du Château
Frontenac et dominant le fleuve Saint-
Laurent, les trois pistes ont une vue
spectaculaire. Hautes de 80 mètres, elles
attireront aussi les amateurs de vitesse, car
les toboggans peuvent atteindre jusqu'à
70 km/h.

Terrasse Dufferin, face au Château Frontenac

VALCARTIER

Avez-vous le vertige? La question mérite
d'être posée avant de s'élancer de l'Everest,
avec ses 33,5 mètres de hauteur. Et la
question se repose encore dans l'Himalaya,
ensemble de quatre pistes particulièrement
escarpées, dessinées de manière à permettre
aux courageux de filer à près de 80 km/h!
Fondé il y a 50 ans par un père qui voulait
amuser ses propres enfants, le Village
vacances Valcartier près de Québec est
devenu un colosse qui en amuse des dizaines
de milliers chaque année maintenant, en les
attirant tant par le nombre de pistes que par
leur diversité.

Village vacances Valcartier
1860, boulevard Valcartier, Saint-Gabriel-
de-Valcartier, G0A 4S0
www.valcartier.com
418 844-2200

SAINT-JEAN-DE-MATHA

Les Super glissades de Saint-Jean-de-Matha
font partie de ces quelques endroits qui
prouvent sans équivoque que la glissade
n'est pas qu'un passe-temps pour enfants,
mais un chouette moyen pour les adultes
d'assouvir leurs besoins en sensations
fortes, en adrénaline et en palpitations. Les
sections interdites aux moins de 1,25 mètre
dissimulent les pistes les plus effrayantes
– ou excitantes, selon son degré de témérité –
dans lesquelles, assis dans des embarcations
gonflables accueillant jusqu'à 12 passagers,
on file par temps froid et sec jusqu'à 90 km/h.

Super glissades Saint-Jean-de-Matha
2650, route Louis-Cyr,
Saint-Jean-de-Matha, J0K 2S0
www.glissadesurtube.com
450 886-9321

EASTMAN

Parcours d'arbre en arbre l'été, le centre
Haut bois Normand, à Eastman, délaisse
les hauteurs l'hiver pour se concentrer sur
les plaisirs au ras du sol et se transforme en
l'un des rares centres de glisse des Cantons-
de-l'Est. Le nombre de pistes est limité (4),
mais leur longueur se démarque: 450 mètres!
Dans ces conditions, c'est dans un autobus
que se fait la remontée, bien au chaud.

Haut bois Normand
426, chemin George-Bonnallie,
Eastman, J0E 1P0
www.hautboisnormand.ca
1 866 297-2659

Photo : Edouard Plante-Fréchette

L'OBSERVATION DES BLANCHONS AUX ÎLES-DE-LA-MADELEINE

Ariane Krol

Le tiers des touristes qui débarquent aux Îles pour voir les phoques du Groenland sont japonais. La moitié vient des États-Unis et les autres d'un peu partout – France, Portugal, Canada, Hong Kong. Les Québécois, qui n'habitent pourtant pas si loin, sont rares sur la banquise.

«Je pense qu'ils cherchent plus le Sud en hiver», dit Émile Richard, du Château Madelinot, l'établissement qui organise des excursions depuis la fin des années 80.

L'expérience, il faut le reconnaître, n'est pas à la portée de toutes les bourses. Mais elle est exceptionnelle. On a rarement l'occasion d'approcher des mammifères sauvages d'aussi près dans leur habitat naturel.

Les Îles-de-la-Madeleine figurent donc en bonne place sur la liste des voyageurs avides de se rapprocher de la faune. Des gens qui ont déjà pris un panda sur leurs genoux, crapahuté jusqu'au Kamtchatka pour voir des ours, visité l'Inde pour ses tigres ou l'Ouganda pour ses gorilles. Des mordus de safari-photo.

UNE EXCURSION
DE TROIS HEURES

En principe, les hélicos font trois excursions par jour. En pratique, ils sont tributaires du climat hivernal. Certains jours, ils font moins de sorties, parfois même aucune. Alors quand on vous propose le vol de 7 h, vous dites merci, même si ça exige de se lever très tôt.

Le petit-déjeuner est servi à partir de 5 h. De la salle à manger, on aperçoit les hélicos posés à quelques pas de l'hôtel. L'aventure commence un étage plus bas, à 6 h 45. D'abord, enfiler l'habit de flottaison orange qui vous donne un air de cosmonaute et, surtout, vous sauvera la vie en cas de chute dans l'eau glacée.

L'hélico le plus rapide part en éclaireur pour repérer la banquise, qui a dérivé depuis la veille. Il ne suffit pas de trouver un morceau de glace utilisé comme pouponnière par les phoques. Il faut en trouver un assez solide pour s'y poser.

Notre hélico décolle à son tour. À droite, les rives de Cap-aux-Meules, parsemées de maisonnettes colorées typiques des Îles. À gauche, les eaux noires du golfe émaillées de glace. Nous survolons le rocher du Corps-Mort, repaire de phoques gris, puis arrivons à notre banquise.

Des dizaines de phoques du Groenland ont mis bas dans les jours précédents. En deux minutes, nous repérons notre premier petit. Exclamations, déclics de caméras: le sujet, pas méfiant pour deux sous, nous fixe de ses yeux brillants comme des billes et se roule obligeamment sur le dos.

Les blanchons ne sont plus chassés depuis la fin des années 70 et n'ont pas de prédateurs ici. Heureusement. Hormis leur fourrure qui les aide à se fondre dans ce décor de neige et de ciel plombé, ils n'ont pas grand-chose pour se protéger. Laissés seuls par les mères parties chasser, les jeunes rampent maladroitement en poussant des cris plaintifs.

La banquise est criblée de trous où les mères plongent et ressortent avec une étonnante agilité. Lorsqu'elles sont sur la glace, elles crient pour tenir les étrangers à distance. En leur absence, toutefois, les petits sont étonnamment peu farouches. Il est facile de s'en approcher pour les photographier et, même, les caresser. Bardés de gras et recouverts d'une épaisse fourrure, ils renforcent, au toucher, l'impression d'avoir affaire à un gros toutou. L'odeur humaine n'entraîne pas de rejet par la mère. À son retour, elle se remettra à allaiter comme si de rien n'était.

Le blanchon, évidemment, n'est pas une peluche. Après quelques semaines, son manteau fera place à un pelage gris argenté et il commencera à plonger pour trouver sa nourriture. Il a intérêt à être efficace: le phoque du Groenland a besoin d'environ une tonne de poissons et de crustacés par an pour se nourrir.

COMMENT Y ALLER ?

La période d'observation des blanchons dure environ deux semaines, autour du 28 février au 14 mars. Les dates et la disponibilité varient en fonction de la présence des glaces et de la mise bas.

Le Château Madelinot n'est pas le plus pittoresque de la région, mais il a plusieurs atouts, dont une piscine intérieure et plusieurs chambres avec vue sur la mer. Les petits-déjeuners sont copieux et le restaurant offre des spécialités locales.

Château Madelinot
485, chemin Principal,
Cap-aux-Meules, G4T 1E4
www.hotelsilesdelamadeleine.com
418 986-3695

Photos : Edouard Plante-Fréchette

LES ÎLES L'HIVER,
MODE D'EMPLOI

La beauté des paysages, la chaleur
des Madelinots...

Ce qui fait le charme des Îles-de-la-
Madeleine ne disparaît pas avec la fin
de la saison touristique.

Au contraire, le charme opère d'autant
plus en hiver, quand on a l'impression
d'être seul à en profiter.

«Vous êtes venus voir les loups-marins?»

Presque tous les Madelinots posent la
question. L'observation des loups-marins,
comme on appelle ici les phoques, est
pratiquement la seule activité qui amène
des touristes aux Îles en hiver. L'archipel,
pourtant, a bien plus à offrir.

Plusieurs des auberges, restos et boutiques
qui attirent les visiteurs en été sont fermés.
Mais les Madelinots, eux, n'hibernent pas.
Il y a moyen de bien manger, de boire de
l'excellent café, de visiter des musées et
de voir des spectacles endiablés.

Certains restos, dont La folie douce et
Les pas perdus, ne sont ouverts que deux
ou trois soirs par semaine. Par contre, des
endroits, comme la boucherie Côte à
Côte et la boulangerie Madelon vendent
des plats maison à emporter. Idéal si vous
vous êtes loué un chalet pour pouvoir
cuisiner... et que vous n'avez pas envie
de cuisiner ce soir-là.

Vous l'aurez compris : hors saison, mieux vaut téléphoner avant. Avec un habile dosage de planification et d'improvisation, vous passerez un séjour mémorable.

Pour le plein air, l'entreprise d'écotourisme Vert et mer est une excellente porte d'entrée. On peut notamment vous initier à la pêche blanche, au kayak de glace ou au ParaskiFlex, vous proposer une randonnée en raquettes ou vous louer une yourte. Ou, si vous venez en groupe, vous organiser une fête avec des musiciens ou une visite dans un musée qui n'est pas ouvert ce jour-là !

Et si vous préférez avoir la sainte paix, lire au coin du feu, faire de longues promenades en solitaire et profiter des paysages pour vous tout seul, vous trouverez cela aussi aux Îles en hiver.

ARIANE KROL

Vert et mer
84, chemin des Vigneau,
Fatima, G4T 2G3
www.vertetmer.com
www.tourismeilesdelamadeleine.com
418 986-3555

UN LONG WEEK-END À MONTRÉAL

Refuge douillet au printemps et à l'automne,
ville trépidante été et hiver. On visite difficilement
le Québec sans passer par Montréal. Au moins
le temps d'un café ou d'une balade sur le mont Royal…

VILLE DE CAFÉS

Ils sont ici et là. Cachés au détour d'une rue tranquille, dans un quartier universitaire, souvent minuscules. Les petits cafés de Montréal où, en vacances, on prend tout son temps pour siroter un excellent café, en observant la faune locale. Fascinant et savoureux exercice...

DES ADRESSES À DÉCOUVRIR

Ève Dumas

Photo : Edouard Plante-Fréchette

Café Saint-Henri

Le Café Saint-Henri, premier micro-torréfacteur haut de gamme à Montréal, est tenu par de véritables passionnés. Qu'on aime l'espresso ou le filtre, on est bien servi à cette enseigne.

Et la bonne nouvelle, c'est que le café de Saint-Henri a maintenant un petit frère, dans le Quartier latin. On peut autant boire son petit serré sur place, avec un verre d'eau minérale, que prendre un cappuccino ou un café filtre pour emporter, comme partout ailleurs.

Presque voisin de la réputée maison de thé Camellia Sinensis, le nouveau venu est un peu en retrait de la passante rue Saint-Denis. Mais si le café et le service de qualité vous intéressent, ça vaut le détour.

301, rue Emery, Montréal, H2X 1J1
514 507-9696

3632, rue Notre-Dame Ouest,
Montréal, H4C 1P6
www.sainthenri.ca
514 507-9696 **$**

Sardine

Drôle de nom pour un café ? De prime abord, peut-être. Cela prend tout son sens lorsqu'on y met les pieds. Dans ce tout petit local du Mile-End, les clients sont en effet entassés comme des sardines. Tôt le matin, les premiers beignes de la journée commencent à sortir de l'huile et à remplir le local lilliputien de leurs parfums de friture, de cannelle et d'érable.

À midi, on propose quelques sandwiches. Au coucher du soleil, l'ambiance devient totalement décontractée. Franchement, on prendrait bien une petite Sardine bien tassée à tous les coins de rue !

9, avenue Fairmount Est,
Montréal, H2T 1C7
www.cafesardine.com
514 802-8899 **$-$$**

PIKOLO

Photo : Edouard Plante-Fréchette

HUMBLE LION

MYRIADE

Photo : Bernard Brault

Photo : Edouard Plante-Fréchette

Myriade

Sans aucun doute, Myriade est le champion du café à Montréal, tant pour l'espresso que pour toutes les autres méthodes de préparation (filtre, cafetière à piston, Eva Solo, siphon, etc.). Si près de l'Université Concordia, les étudiants font bien sûr partie du décor, de même que les travailleurs du centre-ville et autres adeptes de yoga sur leur nuage.

1432, rue Mackay,
Montréal, H3G 2H7
www.cafemyriade.com
514 939-1717 **$**

Pikolo Espresso bar

Tout petit comptoir, à un jet de pierre du Quartier des spectacles de Montréal.

La propriétaire est une barista de grand talent formée en Australie. À essayer : le pikolo, un double ristretto allongé au lait chaud, avec une gaufre maison.

3418, avenue du Parc, Montréal, H2X 2H7
www.pikoloespresso.com
514 508-6800 **$**

Humble Lion

Avec son plafond en tôle cabossée, son allée de quilles en guise de comptoir, ses vieilles lampes de navire et son bois en abondance, Humble Lion a de la gueule et de la chaleur à revendre.

On s'y rend pour se réveiller avant un cours, pour digérer un lunch d'affaires ou pour décompresser après une séance de magasinage au centre-ville.

904, rue Sherbrooke Ouest,
Montréal, H3A 3R8
www.cafehumblelion.com
514 844-5466 **$**

Café Replika

Le café turc au mastic est à apprivoiser, pour ceux qui n'ont pas l'habitude des parfums résineux. Le mastic est une substance tirée d'un arbuste méditerranéen qui rappelle la gomme de conifère.

Si vos goûts sont plus classiques en matière de café, sachez que Replika est également équipé d'une machine à espresso!

252, rue Rachel Est,
Montréal, H2W 1E5
514 903-4384 **$**

Fixe comptoir santé

Chez Fixe comptoir santé, on a le même souci de qualité dans l'assiette que dans la tasse. Le menu n'est pas très long, mais il compense en originalité. Les sandwiches sont frais et légers. Les pousses parsemées un peu partout sont cultivées sur place. Les desserts, dont un petit gâteau aux dattes noyé dans un caramel légèrement alcoolisé, créent la dépendance.

5985, rue Saint-Hubert,
Montréal, H2S 2L7
www.cafefixe.ca
514 270-6667 **$**

Le Brûloir

Petit café-torréfacteur de quartier, surtout fréquenté par la faune d'Ahuntsic. Le Brûloir accueille également les clients le vendredi soir, jusqu'à 21 h. Il se transforme alors en minisalle de spectacle. Détenteur d'un permis d'alcool de type restaurant, le barista devient alors barman et sert des bières de microbrasseries et du vin, entre autres.

343, rue Fleury Ouest,
Montréal, H3L 1X5
www.lebruloir.com
514 508-2888 **$**

Flocon

Le minuscule Flocon est le petit frère du café Névé de la rue Rachel. On est en plein cœur du Plateau, à deux pas de la station de métro Mont-Royal, et on y sert le meilleur remontant des environs. Les grains utilisés ont été cultivés de manière durable et équitable.

781, avenue du Mont-Royal Est,
Montréal, H2J 1X1
514 903-9994 **$**

CAFÉ REPLIKA

Photos : Édouard Plante-Fréchette

Photo : Marco Campanozzi

BALADE DANS LES CIMETIÈRES DU MONT ROYAL

Stéphanie Morin

On peut faire un saut à Montréal en ignorant totalement (ou presque) le mont Royal. Mais ça serait bien dommage. Il fait si bon s'y balader, jusqu'à son magnifique belvédère, et admirer la ville à l'heure bleue. Ou s'arrêter au bord du petit lac des Castors, pour un coup de patin l'hiver ou pour y faire le plus romantique des pique-niques, l'été !

Le mont Royal compte toutefois une autre richesse, bien méconnue : ses cimetières.

L'été, les plus malins s'y réfugient pour trouver un peu de fraîcheur. L'hiver, les promeneurs peuvent y marcher dans la neige la plus immaculée de toute l'île de Montréal.

Pourtant, les Montréalais sont peu nombreux à fréquenter les cimetières du mont Royal, considérés par les connaisseurs parmi les plus beaux du monde.

On y trouve des œuvres d'art en quantité impressionnante, des points de vue uniques sur la ville, une nature exceptionnelle.

Les cimetières Notre-Dame-des-Neiges et Mont-Royal, ainsi que dans les deux petits cimetières juifs Shaar Hashomayim et Shearith Israel forment un ensemble unique au monde, par son ampleur et sa diversité, mais aussi par la splendeur de ses paysages, affirme Alain Tremblay, le directeur de l'Écomusée de l'au-delà. Cette fondation est vouée depuis 20 ans à la protection du patrimoine funéraire de la province.

Dans ce royaume des morts, les toujours bien vivants se font rares. Pourtant, le décor est magnifique, spécialement en automne. Les feuilles mortes couvrent le sol de jaune et d'orangé. Adossé au banc installé à la mémoire de Mordecai Richler au cimetière Mont-Royal, on peut embrasser du regard tout l'est de la ville.

POINTS DE VUE MAGNIFIQUES

En bas, les touristes se massent sur le belvédère Camillien-Houde pour photographier en vitesse le Stade olympique. C'est la cohue. Quelques mètres plus haut, le calme est complet. Où ailleurs peut-on se retrouver seul avec la ville à ses pieds ?

On y retrouve aussi des arbres, parmi les plus âgés et les plus spectaculaires de Montréal. Les pins, les frênes, les bouleaux, les ginkgos sont plantés, on jurerait de façon aléatoire, au milieu des monuments, créant une série de décors différents.

Des quatre cimetières du mont Royal, Notre-Dame-des-Neiges est le préféré d'Alain Tremblay, avec ses îlots bordés d'arbres matures parfaitement alignés et ses monuments exubérants, témoignages d'une époque au cours de laquelle les

catholiques péchaient parfois par excès d'ostentation, jusque dans la mort.

On y retrouve de véritables trésors historiques, mais aussi architecturaux et artistiques. Un des plus spectaculaires : le monument de la famille Valois, avec son imposant ange de bronze signé par le sculpteur Louis-Philippe Hébert. L'ange a d'ailleurs été descendu de son socle pour être présenté au public dans le cadre d'une rétrospective de l'artiste présentée en 2001 au Musée des beaux-arts du Canada.

D'autres monuments témoignent d'un pan tourmenté de l'histoire du Québec, comme cette immense pierre qui marque le lieu de sépulture de Joseph Guibord, typographe excommunié par l'Église catholique juste avant sa mort, en 1869,

Photos : Marco Campanozzi

en raison de sa participation à l'Institut canadien de Montréal, coupable de conserver des livres mis à l'Index. Un excommunié n'avait pas sa place au cimetière catholique de Notre-Dame-des-Neiges, considérait alors le clergé. Après cinq années de batailles judiciaires pendant lesquelles la dépouille a été conservée au cimetière protestant, l'inhumation n'a pu se faire – sous haute surveillance militaire – qu'après un jugement du Conseil privé de Londres, plus haut tribunal d'appel des pays du Commonwealth à l'époque.

L'ensemble des cimetières du mont Royal forme un espace quatre fois et demie plus grand que le cimetière du Père-Lachaise, à Paris.

www.ecomuseedelaudela.net

AVEC LES ENFANTS

Marie-Eve Morasse

L'heure du régal chez Engaufrez-vous

Les enfants seront sans doute les premiers à remarquer le petit resto, avec sa gaufre géante qui fait figure d'enseigne. Les gaufres belges servies chez Engaufrez-vous sont fraîches, bien dodues, en version liégeoise ou bruxelloise, sucrées ou salées. À l'heure du midi, optez pour une gaufre salée farcie, une spécialité de la maison qui étonne même les clients belges! Les enfants se délecteront des versions sucrées. Pendant que les adultes termineront leur café – ou leur verre de vin –, les petits pourront s'amuser avec les jouets mis à leur disposition ou feuilleter des livres.

8, rue Rachel Est, Montréal, H2W 1C5
www.engaufrezvous.com
514 845-7070 **$**

Visite à la Grande Bibliothèque

Entendez-vous la rumeur? C'est au niveau métro de la Grande Bibliothèque que les usagers peinent le plus à chuchoter! On leur pardonne aisément, car dans l'espace enfants, les plus jeunes sont chez eux. Tout y est à leur taille, y compris les tables de lecture et les postes d'écoute, où des films et des albums de musique sont mis à leur disposition. Une salle d'allaitement est également accessible. Et, même si ce n'est pas indiqué dans le programme officiel de la Grande Bibliothèque, on vous garantit un grand succès avec les plus jeunes si vous passez faire un tour aux niveaux supérieurs en empruntant l'ascenseur vitré...

475, boulevard de Maisonneuve Est, Montréal, H2L 5C4
www.banq.qc.ca
514 873-1100

Le Centre des sciences de Montréal

Situé dans le Vieux-Port, le Centre présente presque toujours une exposition qui plaira aux enfants. On y trouve aussi un cinéma Imax, avec une programmation familiale. Et, si par un mauvais hasard, rien ne plaît à votre petite famille au Centre, vous pouvez toujours passer du bon temps dans le Vieux-Port où il y a des activités pour tous, été comme hiver.

Quai King-Edward
www.centredessciencesdemontreal.com
www.vieuxportdemontreal.com
514 496-4724

Photo: Hugo-Sébastien Aubert

Stéphanie Morin

Déjeuner vintage

Départ classique au Beauty's luncheonette, véritable institution montréalaise où, depuis plus de 70 ans, les clients sont accueillis par le propriétaire. Les deux incontournables du menu : le Beauty's special – un bagel garni de saumon fumé, fromage à la crème, tomates et oignons – et l'omelette Mish-Mash, avec saucisses à hot-dog, salami, poivron vert et oignons frits. On avale nos plats, arrosés de *smoothies*, sur des banquettes de cuirette qui ont vu défiler le Tout-Montréal.

93, avenue du Mont-Royal Ouest,
Montréal, H2T 2S5
www.beautys.ca
514 849-8883 **$**

Chasse aux trésors

Marche de santé sur le boulevard Saint-Laurent, avec arrêts (nombreux) dans les friperies. Angle Duluth, elles sont quatre, côte à côte, à offrir un assortiment éclectique (mais savamment sélectionné) de vêtements et d'accessoires déco vintage. Mais c'est plus au sud, chez Eva B., que la véritable chasse au trésor s'amorce : dans ce gigantesque bric-à-brac, on peut fouiller pendant des heures et se créer un nouveau look pour quelques dollars.

Eva B.
2015, boulevard Saint-Laurent,
Montréal, H2X 2T3
www.eva-b.ca
514 849-8246

Pause manga

Arrêt au manga lounge O-Taku, angle Saint-Denis et Cherrier. Les murs sont couverts de mangas, qu'on peut lire sur place en sirotant un thé en feuilles ou un thé aux perles. Le menu compte aussi quelques amuse-gueule salés ou sucrés. Le choix est étourdissant ; le proprio, Alex, suggère des titres à chacun.

3623, rue Saint-Denis,
Montréal, H2X 3L6
www.otakulounge.com
438 879-0135 **$**

EVA B

Photo : Olivier Pontbriand

OÙ DORMIR ? ☾

La plupart des grandes chaînes hôtelières ont une adresse à Montréal – si non plus d'une.

Elles sont faciles à trouver. Voici nos choix, plus originaux.

L'Hôtel de l'Institut

En plein cœur du Quartier latin, face au carré Saint-Louis, l'Hôtel de l'Institut entre clairement dans la catégorie « secret bien gardé ». Car peu de Montréalais savent que l'Institut de tourisme et d'hôtellerie du Québec, école par où sont passés certains des meilleurs chefs du Québec, compte aussi un hôtel. Avec le petit-déjeuner compris, c'est certainement l'un des meilleurs rapports qualité-prix en ville. Le décor n'a rien d'extravagant ou même d'original, mais la chambre comprend tout ce qu'il faut pour un séjour confortable. Et au rez-de-chaussée, le restaurant de l'ITHQ, avec ses grandes fenêtres qui donnent sur la rue, est une excellente option pour un bon repas, tranquille, mais pas banal.

3535, rue Saint-Denis, Montréal, H2X 3P1 www.ithq.qc.ca 514 282-5120 **$$**

Le Germain

Au centre-ville se trouve Le Germain, du groupe québécois du même nom, qui donne aussi dans le chic, mais version nettement plus contemporaine. Il loge le restaurant Laurie-Raphaël du chef Daniel Vézina. Ce qui permet de bien manger et bien boire, puis d'appuyer sur le bouton d'ascenseur pour retourner à sa chambre, grand confort.

2050, rue Mansfield, H3A 1Y9 www.germainmontreal.com 514 849-2050 **$$$**

Le Petit Hôtel

Dans le Vieux-Montréal, les hôtels-boutiques ont poussé comme des champignons au tournant des années 2000 : les Saint-Sulpice, Gault, Place d'Armes, Nelligan sont toutes des options intéressantes.

Une adresse sort cependant du lot : le Petit Hôtel. Déco hyper simple, sans fla-fla. Ce Petit Hôtel est super bien situé, ce qui permet d'aller manger à pied, car il y a une myriade d'excellentes tables tout près. Bon service : on l'adore.

168, rue Saint-Paul Ouest, Montréal, H2Y 1Z7 www.petithotelmontreal.com 514 940-0360 **$$**

Le Ritz-Carlton

En plein centre-ville, le Ritz-Carlton, rue Sherbrooke Ouest, s'est refait à grands frais une beauté. Charme classique, dans un morceau d'histoire. Ce sont aussi les chambres les plus chères en ville, le chic du chic, pour les grandes occasions.

Un plus : on va y prendre un brunch – ou même un lunch, dans les jardins du restaurant Maison Boulud, à même l'hôtel. C'est très beau.

1228, rue Sherbrooke Ouest, Montréal, H3G 1H6 www.ritzmontreal.com 514 985-0464 **$$$**

RITZ-CARLTON

Photo : André Pichette

ET LES GÎTES ?

Contrairement à d'autres métropoles américaines, ou même à l'Europe, la vague des gîtes charmants et cool n'a pas encore déferlé sur la ville.

Il faut chercher (pas mal) pour trouver de bonnes adresses. Deux choix.

Casa Bianca

Cinq chambres dans une belle maison centenaire, donc avec des planchers qui craquent... Le gîte, tout blanc avec des airs italiens, est situé sur le Plateau-Mont-Royal, avec des vues sur le mont Royal. Emplacement génial, proprio anglo donc l'anglais est la langue courante. Deux suites à deux chambres disponibles, super pour les familles, mais peut-être moins pour vous si vous y séjournez en amoureux et que vous cherchez le grand calme : qui dit gîte, dit bruit...

4351, avenue de l'Esplanade,
Montréal, H2W 1T2
www.casabianca.ca
514 312-3837 **$$**

Sir Montcalm

Dans un tout autre secteur de la ville, en plein Village gai, le Sir Montcalm est une perle dans le centre-sud. Dès qu'on passe la porte, on est happé par le calme et l'élégance des lieux. Trois chambres et deux pratiques studios avec cuisinettes et un coin lavage-repassage accessibles à tous les occupants.

1453, rue Montcalm,
Montréal, H2L 3G9
www.sirmontcalm.com
514 522-7747 **$$**

AVANT LE VOL

Le Aloft

Si vous devez dormir à l'aéroport, avant le départ, deux choix sont très intéressants.

Le Aloft, qui appartient au groupe Starwood. Confortable et pratique, service de navette hyper efficace et il y a en plus l'option de laisser la voiture dans le stationnement toute la semaine, ce qui est génial pour un voyage dans le Sud.

500, avenue McMillan,
Montréal, H9P 0A2
www.starwoodhotels.com
514 633-0900 **$$**

Le Marriott

Plus récent et plus cher que le précédent, le Marriott se trouve à l'intérieur de l'aéroport. Les chambres sont hyper confortables et certaines offrent même une vue sur les pistes. Avec des enfants, c'est imbattable. C'est commencer le voyage avant le voyage ! On peut aussi y laisser sa voiture dans un stationnement intérieur quelques jours.

800, place Leigh-Capreol,
Montréal, H4Y 0A4
www.marriott.com
514 636-6700 **$$$**

LES MARCHÉS PUBLICS

Comme dans toute ville gourmande qui se respecte, il y a plusieurs marchés publics intéressants à Montréal. Des très petits, des écolos, des anglos, des rigolos. Mais au bout du compte, un duel : le marché Jean-Talon dans la Petite-Italie et le marché Atwater, au bord du canal Lachine. Les Montréalais se divisent naturellement en deux types, ceux qui préfèrent Atwater et ceux qui préfèrent Jean-Talon. Si vous êtes de passage en ville, n'hésitez pas, allez à celui qui est le plus proche, surtout lorsqu'il fait chaud et qu'on peut y flâner une heure ou deux...

Le marché Jean-Talon

Il fut un temps où le marché Jean-Talon n'était ouvert que trois jours par semaine. Le voilà qui fonctionne maintenant 24 heures sur 24, 7 jours sur 7. Envie d'une banane la nuit ? Vos désirs seront exaucés dans le plus grand marché d'alimentation d'Amérique du Nord.

Environ 160 commerçants, des stands ouverts toute l'année, des milliers de clients qui prennent d'assaut les allées le week-end : le marché Jean-Talon est une vaste fourmilière où le repos n'est jamais au programme.

Photo : Édouard Plante-Fréchette

Photo : Robert Skinner

Jœ la Croûte

Il faut dire d'emblée que Jœ, de son vrai nom Daniel Jobin, a appris à la bonne école : celle de Benoît Fradette, l'homme qui avait lancé Le Fromentier de l'avenue Laurier il y a plus de 25 ans et qui fait maintenant courir les Français à Aix-en-Provence avec ses si bonnes pâtes. Daniel Jobin a passé 16 mois chez lui, dans le sud de la France, pour en apprendre les techniques particulières de pétrissage, plus lent et à plus basse température, qui permettent d'obtenir des pains à la mie bien grasse, très humide et alvéolée, sans arrière-goût de levain acide. Les fans de la baguette craquante – un oiseau plus rare qu'on le pense ! – seront servis avec la traditionnelle : la croûte des pains est épaisse et parfaitement croustillante, plus cuite que moins. Mais la blanche de kamut est encore plus savoureuse.

Plusieurs pains variés sont offerts – tous faits d'ingrédients certifiés biologiques, à l'exception des olives et du chocolat – dont un épeautre et raisins secs et un 100 % seigle, vendu au poids.

VIOLAINE BALLIVY

7024, avenue Casgrain,
Montréal, H2S 1B2
www.jœlacroute.com
514 272-9704

On aime aussi : le comptoir de charcutier Cochons tout ronds des Îles-de-la-Madeleine, la formidable Librairie gourmande, la caverne d'Ali Baba qu'est La Dépense, de Philippe et Ethné de Vienne et la Crêperie du marché qui sent bon le sucre et le Nutella !

Le Marché Atwater

On dira qu'il est un peu snob. Et c'est un peu vrai... Mais on lui pardonne, parce qu'il fait si bon s'attarder dans ses allées. Le grand bonheur du marché Atwater, il faut le dire, est sa proximité avec le canal Lachine et la piste cyclable qui le longe. L'été, le marché devient une destination.

Photo : Martin Chamberland

Havre-aux-glaces

On nous avait vanté le sorbet au cassis de ce glacier artisanal. On a aussi craqué pour la glace au caramel brûlé d'érable. Les saveurs changent au gré des récoltes, mais les produits sont toujours locaux. Le glacier possède même sa propre érablière ! Présent aussi au marché Jean-Talon, fermé l'hiver.

STÉPHANIE MORIN

138, avenue Atwater,
Montréal, H4C 2H6
www.havreauxglaces.com
514 278-8696

On aime aussi : le petit comptoir de Chocolats Geneviève Grandbois, la formidable Fromagerie Atwater, les étagères débordantes des Douceurs du marché et la boucherie de la Ferme Saint-Vincent, petit éleveur bio de Lanaudière.

LACHINE ET LE CANAL LACHINE

Au bord du canal Lachine, les marcheurs, cyclistes et patineurs se partagent la piste. Les plus courageux emprunteront la piste Les Berges qui mène beaucoup plus loin, vers l'ouest, jusqu'au Vieux-Lachine, quartier méconnu et fort agréable. Et l'eau n'est jamais bien loin. À faire une journée d'été.

La corporation du Pôle des Rapides offre aussi des activités autour, ou sur, l'eau.

Si vous souhaitez vous mouiller, l'entreprise H2O Aventures loue toute sorte d'embarcations, dont le sympathique pédalo pour quatre personnes, parfait pour une sortie en famille. Une belle façon de prolonger une journée au marché !

www.poledesrapides.com

H2O Aventures

2985B, rue Saint-Patrick, Montréal, H3K 1B9
www.h2oadventures.ca
514 842-1306

SI VOUS ÊTES FOUS DE LA DÉCO

LE VIEUX-MONTRÉAL

On peut facilement passer une semaine à Montréal à la recherche de trésors pour la maison, mais si vous ne voulez y consacrer qu'un après-midi, voici un raccourci pour mettre la main sur des objets uniques, sans passer la journée dans les boutiques.

Pensez à commencer votre petite tournée par un bon café chez Olive + Gourmando, mecque des *foodies* de ce coin de la ville depuis des années. Une véritable institution montréalaise. Les soupes et sandwiches y sont divins ; les brownies aussi. La ricotta maison, un péché de gourmandise. En fait, tout est bon.

Vous êtes donc au coin des rues Saint-Paul et Saint-Pierre. Juste en face, il y a Espace Pepin et quelques portes plus loin, sa boutique petite sœur dédiée à la maison. Pour des vêtements et objets au style brut, des matières naturelles, de grande qualité.

En face, toujours sur Saint-Paul Ouest, c'est À table tout le monde, boutique galerie où la blanche porcelaine a la part belle. Un cadeau à rapporter à quelqu'un de bon goût à la maison ? Optez pour l'égouttoir de la céramiste québécoise Louise Bousquet. Indémodable, tout le monde l'aime.

La boutique d'à-côté est spécialisée en *bento box*, ces jolies boîtes à lunch japonaises. Elle vaut le coup d'œil, mais si vous cherchez un cadeau original, fait par quelqu'un d'ici, c'est peut-être chez Zone Orange, sur Saint-Pierre, juste au coin de la rue, que vous allez le trouver. On aime particulièrement les peluches et poupées québécoises.

Vous avez faim maintenant ?

Plusieurs options. Vous pouvez filer vers la rue McGill, à deux minutes de marche et choisir un resto à votre goût parmi la douzaine d'adresses intéressantes. Pour l'apéro, le Hambar de l'hôtel Saint-Paul est très bien, car on peut accompagner son verre d'un petit plateau de charcuteries faites sur place. Ses brunchs cochons, le week-end, sont décadents.

Les amateurs de bières préféreront Les Sœurs grises, de l'autre côté de la rue, près du fleuve. Ambiance très décontractée, clientèle qui sort du bureau, jolies petites planches pour accompagner votre ale, possibilité de dégustation pour les indécis – ou les curieux.

Pour un vrai bon repas, on s'attable chez Graziella, chef formidable qui sert des classiques de la cuisine italienne dans un cadre tranquille – ce qui est assez rare dans ce coin de la ville. Excellent choix. Une valeur sûre.

Par contre, si vous aimez des endroits qui bougent davantage, choisissez plutôt le resto de la star de la cuisine Chuck Hughes, animateur de l'émission *Chuck's Day Off*. Son Garde Manger, à la façade pratiquement anonyme, est à quelques pas de là, rue Saint-François-Xavier. Beaucoup d'ambiance et de fruits de mer. La qualité est dans l'assiette.

Photo : Marco Campanozzi

Olive + Gourmando
351, rue Saint-Paul Ouest,
Montréal, H2Y 2A7
www.oliveetgourmando.com
514 350-1083 **$-$$**

Espace Pepin
350, rue Saint-Paul Ouest,
Montréal, H2Y 2A6
www.thepepinshop.com
514 844-0114

À table tout le monde
361, rue Saint-Paul Ouest,
Montréal, H2Y 2A7
www.atabletoutlemonde.com
514 750-0311

Zone Orange
410, rue Saint-Pierre, Montréal, H2Y 2M2
shop.galeriezoneorange.com
514 510-5809

Hambar
355, rue McGill, Montréal, H2Y 2E8
www.hambar.ca
514 879-1234 **$$**

Les Sœurs grises Brasserie
32, rue McGill, Montréal, H2Y 4B5
www.bblsg.com
514 788-7635 **$**

Graziella
116, rue McGill, Montréal, H2Y 2E5
www.restaurantgraziella.ca
514 876-0116 **$$**

Le Garde Manger
408, rue Saint-François-Xavier,
Montréal, H2Y 2S9
www.crownsalts.com
514 678-5044 **$$**

Photo : Martin Chamberland

ÊTES-VOUS LAURIER OUEST OU LAURIER EST ?

Ève Dumas

Il fait bon marcher sur l'avenue Laurier, d'un bout à l'autre, s'arrêter pour bouquiner dans une grande librairie de l'avenue du Parc, faire un sprint shopping dans ses boutiques uniques et originales, faire un pique-nique au parc. Et en la parcourant d'ouest en est (ou l'inverse!) on découvre la personnalité distincte de chaque côté. Mais ce qui est bien, c'est qu'ils sont aussi charmants l'un que l'autre. Carnet gourmand en (seulement) une douzaine d'adresses.

LAURIER OUEST

C'est un coin de la ville, dans le chic Outremont, qui a une longue histoire de gourmandise. C'est une avenue particulièrement riche en bonnes tables, certaines plus discrètes, qu'on a tendance à oublier dans le brouhaha des ouvertures de restaurants un peu partout en ville.

La Chronique

Une des excellentes tables de Montréal, la discrète Chronique est ouverte depuis une vingtaine d'années. Marc De Canck et Olivier de Montigny officient en cuisine à tour de rôle. Rares, les bons restos ouverts les dimanches soirs!

104, avenue Laurier Ouest,
Montréal, H2T 2N6
www.lachronique.qc.ca
514 271-3095 $$$

Leméac

Un incontournable de l'avenue Laurier, en fin de matinée, le midi, le soir et tard, pour le menu prix fixe après 22 h. L'été, on profite de sa belle terrasse donnant sur la rue Durocher. Le chef-propriétaire Richard Bastien y propose des grands classiques bien faits comme Outremont les aime.

1045, avenue Laurier Ouest,
Montréal, H2V 2L1
www.restaurantlemeac.com
514 270-0999 $$-$$$

Photo : Bernard Brault

Dieu du ciel!

Voici un endroit particulièrement animé pour prendre une bière. L'été, on profite de la terrasse de la microbrasserie qui donne sur la rue. Si on préfère boire sur sa propre terrasse, il faut s'arrêter au 151, au Supermarché Rahman, paradis de la bière!

29, avenue Laurier Ouest,
Montréal, H2T 2N2
www.dieuduciel.com
514 490-9555 $

Juni

Excellents sushis, dans un cadre élégant complètement différent de celui, plus décontracté, du Tri Express de l'autre côté de Laurier. En fait, on n'a qu'à comparer le décor et le menu du Juni à celui du Tri pour comprendre le monde qui sépare l'est de l'ouest.

156, avenue Laurier Ouest,
Montréal, H2T 2N7
514 276-5864 $$$

Pagliaccio

Ce restaurant - dont le nom veut dire clown en italien, est tenu par un ancien du Latini qui maîtrise à merveille ses classiques italiens. Décor décontracté, belle carte des vins.

365, avenue Laurier Ouest,
Montréal, H2V 2K5
www.restaurantilpagliaccio.com
514 276-6999 $$

L'Émouleur

Guillaume De L'Isle, alias L'Émouleur, ne jure que par les couteaux japonais. En plus de vendre des lames d'exception, dont les prix peuvent aller au-delà des 1000 $, il aiguise votre vieux Henckel ou Wüsthof. Après 10 minutes de manipulations par des mains expertes, votre couteau sera comme neuf!

1081, avenue Laurier Ouest,
Montréal, H2V 2L2
www.emouleur.com
514 813-3135

LAURIER EST

À l'est du parc Laurier, l'avenue se fait plus étroite. Bordée d'arbres matures, c'est moins une artère commerciale qu'un quartier où tout se fait à pied. Lorsque le beau temps est au rendez-vous, on voit des commerçants sortir sur le trottoir et jaser entre eux, saluer un habitué, flatter le chien du voisin.

Le Maître Gourmet

Boucherie artisanale bien établie dans le quartier, Le Maître Gourmet favorise la viande de petits producteurs, offre des préparations bouchères un peu excentriques – comme sa populaire saucisse veau-cari-coriandre-raisin et ses brochettes d'abats - et mitonne une bonne variété de plats cuisinés.

1520, avenue Laurier Est,
Montréal, H2J 1H7
514 524-2044

Le sain bol

Ce tout petit troquet sert du bio, sans être un resto végétarien. Avec trois ou quatre tables, dont une à pique-nique sur le trottoir, ça se remplit vite. On se sent comme chez un copain, qui popote sur sa cuisinière maison tout en papotant avec les clients. Une jolie découverte.

5095, rue Fabre, Montréal, H2J 3W4
514 524-2292 $

TRI EXPRESS

Photo : Alain Roberge

PARC LAURIER

Photo : Robert Skinner

Tri Express

Considérés par plusieurs comme les meilleurs en ville, les sushis de M. Tri attirent les amateurs de poisson cru du quartier, mais aussi des quatre coins de la ville. Ses salades et plats chauds ne sont pas piqués des vers non plus. Réservez ou prévoyez une nappe à pique-nique à étendre dans le parc Laurier.

1650, avenue Laurier Est,
Montréal, H2J 1J2
www.triexpressrestaurant.com
514 528-5641 **$$**

Rhubarbe

Rhubarbe est une adresse d'exception. Le petit commerce compte parmi les pâtisseries les plus originales en ville. Tout y est d'une égale gourmandise, du petit gâteau au chocolat qui a l'air bien innocent, mais qui explose en bouche, à la magnifique tarte au citron.

5091, rue de Lanaudière,
Montréal, H2J 3P9
www.patisserierhubarbe.com
514 903-3395 **$**

Lapin pressé

C'est ici qu'on trouve le meilleur café du coin, ce qui, en soi, mérite un petit arrêt. L'autre bonne raison de s'y attarder : les délicieux sandwichs pressés gourmets, où brie et noix, cheddar et oignons ou encore gruyère et bacon font bon ménage. Le Lapin prend son fromage du Maître Corbeau à côté, une autre adresse où il fait bon découvrir les fromages et les charcuteries artisanales du Québec.

1309, avenue Laurier Est,
Montréal, H2J 1H4
514 903-3555 **$**

Fous desserts

Située dans ce petit îlot entre Saint-Hubert et le parc Laurier, la pâtisserie Fous desserts a remporté le concours du « meilleur croissant de Montréal » organisé par *La Presse*, selon un vote public et professionnel. Mais ce n'est pas tout. On y trouve aussi une superbe sélection de viennoiseries, de pâtisseries, de chocolats et de thés.

809, avenue Laurier Est,
Montréal, H2J 1G2
www.fousdesserts.com
514 273-9335 **$**

L'été, un petit marché fermier se tient au parc Lahaie, où l'on peut faire ses courses tout en grignotant un *grilled-cheese* bio ou une crêpe.

LE QUARTIER CHINOIS

Il est plus discret que d'autres quartiers chinois américains, c'est bien vrai. Mais non moins charmant : on y fait de belles découvertes, et c'est toujours un refuge rassurant pour les visiteurs en quête d'exotisme et de bonnes adresses pas chères.

Y a-t-il des Chinois dans le quartier chinois de Montréal ?

Très peu. Ils ne sont environ que 600 à y habiter sur les 35 000 qui vivent dans la région métropolitaine.

Pourtant, lorsqu'on circule sur le boulevard Saint-Laurent, entre Viger et René-Lévesque, ils sont nombreux à déambuler sur les trottoirs, à faire leurs courses dans les petits marchés de fruits et à manger dans les restaurants du coin.

La construction du complexe Guy-Favreau au nord du quartier et celle du Palais des congrès au sud a grandement contribué, au début des années 80, à chasser les Chinois qui y avaient élu résidence. S'ils fréquentent toujours le quartier pendant la journée, ils retournent, pour la plupart, dormir aux quatre coins de la ville.

NATHAËLLE MORISSETTE

À DÉCOUVRIR

Le Centre communautaire et culturel chinois

Ouvert dans les années 2000, le centre communautaire chinois est l'un des petits nouveaux du quartier. Il héberge une bibliothèque où l'on peut lire des livres, des magazines et des journaux en chinois, mais c'est également un lieu où se donnent des cours de calligraphie, de culture et d'art chinois. L'été, les activités de ce centre se déplacent parfois au parc Sun Yat-Sen, situé juste en face.

MARIE-EVE MORASSE

1088, rue Clark, Montréal, H2Z 1K2
514 788-8986

Nouilles Wing

On peut trouver des biscuits de fortune dans bien des supermarchés, de Rouyn-Noranda à Gaspé. Mais ils ne seront jamais aussi frais que ceux achetés ici, dans les locaux mêmes où ils sont préparés. Deux fois par semaine, les effluves sucrés s'échappent du bâtiment. Pour moins de 3 $, on peut acheter un grand sac de ces biscuits farcis d'un petit papier porteur de sagesse chinoise. Le plus ancien commerce du quartier propose aussi, dans son petit comptoir de vente : nouilles udon, somen ou *yet-ca-mein*, nouilles frites, pâtes à *wonton* et biscuits aux amandes, le tout préparé sur place.

STÉPHANIE MORIN

1009, rue Côté, Montréal, H2Z 1L1
www.wingnoodles.com
514 861-5818

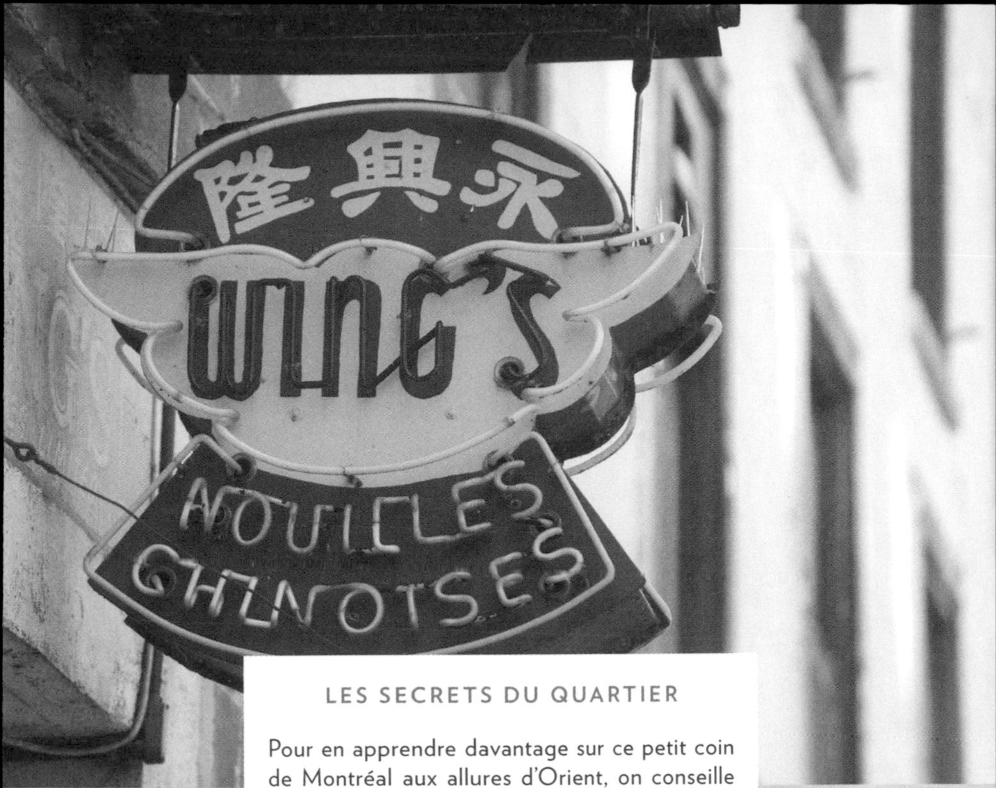

LES SECRETS DU QUARTIER

Pour en apprendre davantage sur ce petit coin de Montréal aux allures d'Orient, on conseille une visite guidée avec l'entreprise montréalaise Kaléidoscope. D'une durée de 2 h 30, cette visite pédestre mène les participants dans plusieurs lieux qui peuvent sembler interdits aux non-Asiatiques : temples, centre communautaire, herboristerie… C'est l'occasion de découvrir l'histoire de ce quartier en constante ébullition, de goûter à ses plus surprenantes saveurs et de partager certains rites et croyances qui ont traversé les millénaires.

STÉPHANIE MORIN

www.tourskaleidoscope.com

Photos : Martin Chamberland

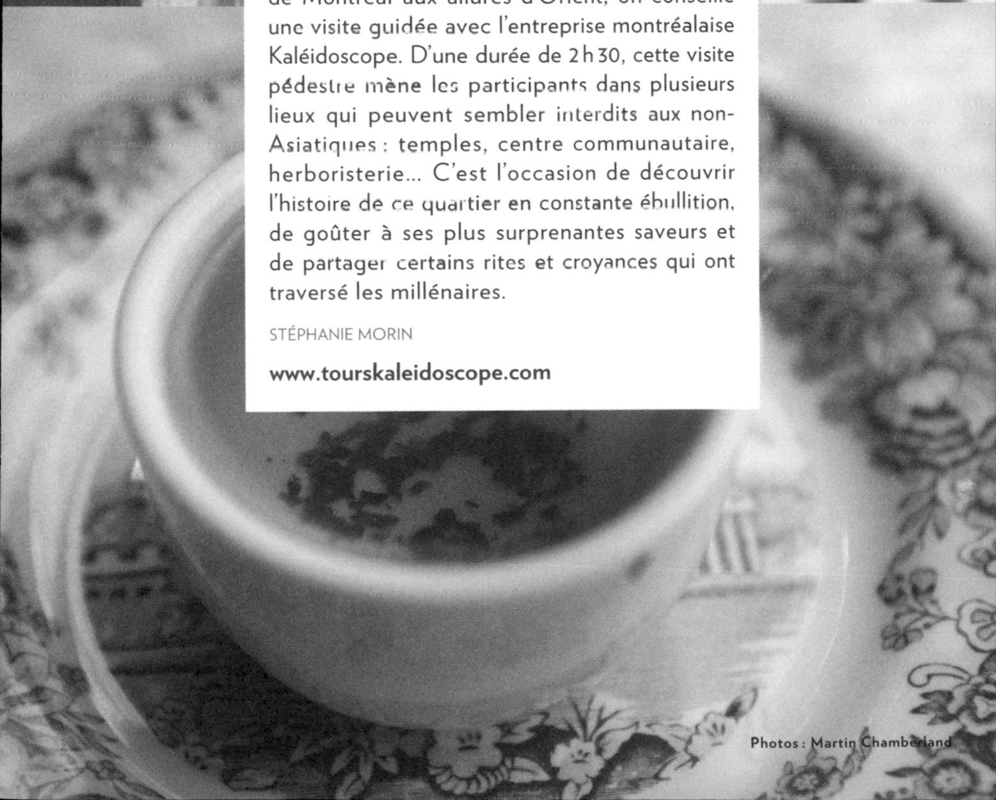

Peng Cheng Massage des pieds

Pour recevoir un massage des pieds exécuté d'une main d'acier, selon les préceptes de la médecine traditionnelle chinoise. Le traitement débute par un bain de pieds dans une chaude décoction d'herbes chinoises qui activent la circulation. On s'étend ensuite sur une des quatre tables, séparées par un simple rideau, pour revisiter l'art du massage thérapeutique, façon chinoise. Ici, point de musique de relaxation ou de chandelles parfumées. Que des pressions énergiques sur les points d'acupuncture et de réflexologie pour délier des tensions accumulées depuis des années. On en ressort le pied léger !

STÉPHANIE MORIN

1065, boulevard Saint-Laurent, 3e étage, Montréal, H2Z 1J6
514 393-0886

Spécialithés Ming Wah Hong

Dans la petite échoppe de la rue Clark, les jarres de verre s'alignent, toutes remplies de thés odorants aux vertus bénéfiques. Thés verts, oolong et thés noirs fermentés Pu Erh importés de Chine côtoient des thés du Japon, de l'Inde ou même d'Afrique du Sud. M. Low a ajouté à certains thés boutons de rose, fleurs de pommiers, écorce de cannelle ou baies de goji, pour favoriser la digestion, chasser le stress, désengorger le foie ou stimuler l'esprit. De véritables potions préventives qui, de surcroît, font voyager les papilles. Un coup de cœur.

STÉPHANIE MORIN

1127, rue Clark, Montréal, H2Z 1K3
514 879-1472

A+

L'endroit par excellence pour sonder l'âme de la jeunesse asiatique ! Ici, les fanas de K-Pop, la pop sud-coréenne, passent pour acheter affiches, magazines, CD et objets dérivés de tout acabit consacrés à une pléthore de *boys bands* imberbes et émules des Spice Girls, version Séoul. La vague coréenne a déjà déferlé sur la planète pop avec Psy et son célèbre *Gangnam Style* ; d'autres groupes pourraient suivre ses traces. En attendant, on peut élargir notre horizon culturel avec un saut dans cette boutique anonyme de l'extérieur, arc-en-ciel à l'intérieur.

STÉPHANIE MORIN

1085, rue Clark, Montréal, H2Z 1K3
www.a-plus08.com
514 398-0606

Barbe de dragon

Un classique sucré du quartier chinois : les bonbons à la barbe de dragon, vendus dans un petit comptoir de l'allée printanière. Selon la légende, la recette de ces bonbons cotonneux – préparés à la main avec du sirop de maïs, de la gelée de farine de riz, du sucre glace, des arachides et des graines de sésame – aurait été inventée pour l'empereur de Chine, il y a plus de 2000 ans. Un délice à laisser fondre en bouche, sous peine de s'étouffer dans le sucre glace !

STÉPHANIE MORIN

52B, rue de La Gauchetière Ouest, Montréal, H2Z 1C1
514 529-4601

Ève Dumas

C'est un peu la renaissance culinaire entre les deux lions qui gardent le boulevard Saint-Laurent. Autrefois, délaissé pour Brossard, Verdun et les environs de l'Université Concordia, le quartier attire maintenant de nouveau les restaurateurs. Même le jeune chef non chinois Aaron Langille vient d'y installer son nouveau resto, Orange Rouge, rue Viger.

Dobe & Andy

Pour 4,25 $, on vous sert une grande et satisfaisante soupe (demandez les nouilles jaunes) surmontée de porc ou de canard BBQ, ou les deux. Difficile à battre !

1111, rue Saint-Urbain,
Montréal, H2Z 1Y6
514 861-9958 $

Mai Xiang Yuan

Allez-y en groupe pour goûter à plusieurs sortes de dumplings, vapeur ou frits. On recommande fortement les dumplings au bœuf et cari, frits, accompagnés d'une salade de concombres et d'une salade céleri et arachides.

1084, boulevard Saint-Laurent,
Montréal, H2Z 1J5
514 875-1888 $

Nudo

Rapport qualité-prix imbattable. Nudo propose des nouilles fraîches étirées à la main. En entrée, on commande une panoplie de petites salades à 1,25 $ et 2 $ la portion. Une aubaine et c'est délicieux !

1055, boulevard Saint-Laurent,
Montréal, H2Z 1J6
$

KanBai

Une des adresses les plus excitantes du quartier, pour une cuisine sichuanaise soignée et bien piquante. Soyez audacieux, essayez la salade de méduse.

1110, rue Clark, Montréal, H2Z 1K3
514 871-8778 $

Beijing

Un classique du quartier, ouvert depuis 1989, qui pratique une cuisine chinoise un peu fourre-tout. Il ne faut pas hésiter à demander quels sont les plats saisonniers. Par exemple, l'hiver, il faut essayer le *hot pot* d'agneau, tofu, champignons et baies de goji.

92, rue de La Gauchetière Ouest,
Montréal, H2Z 1K1
514 861-2003 $

DOBE & ANDY

Photo : Martin Chamberland

GRANDE SORTIE EN VILLE

Les samedis soirs, c'est le bal des taxis devant le restaurant Toqué! Plusieurs touristes de passage à Montréal tiennent à goûter la cuisine du merveilleux chef Normand Laprise. Et ils ont bien raison : Laprise fait tout simplement des merveilles avec des ingrédients québécois recherchés, choisis avec grand soin et sublimés sous sa direction. Dans la catégorie « endroit à visiter une fois dans sa vie ».

Et pour une soirée toute en beauté en ville, peu importe la saison, jetez un œil à l'originale programmation, de l'Orchestre symphonique de Montréal et offrez-vous une soirée à la magnifique Maison symphonique.

On y accueille souvent des formations invitées et plusieurs concerts plairont à toute la famille. Une sortie inoubliable.

Toqué !
900, place Jean-Paul-Riopelle, Montréal, H2Z 2B2
www.restaurant-toque.com
514 499-2084 **$$$**

Maison symphonique
160, rue Saint-Urbain, Montréal, H2X 0S1
www.osm.ca
514 842-9951

L'ART DE FAIRE LA FÊTE

On dit souvent que Montréal est la capitale des festivals, portée par trois piliers : le Festival de Jazz, Juste pour Rire et les Francofolies de Montréal. Si vous êtes en ville l'été, ça vaut vraiment la peine d'aller faire un tour au cœur des festivités, pour découvrir un nouvel artiste qui se produit gratuitement, sur une scène extérieure, rencontrer un jongleur nouveau genre qui déambule dans la rue ou simplement pour s'imprégner de l'ambiance durant les jours de fêtes.

Les plus jeunes aiment aussi aller prendre un bain de foule à Osheaga, au parc Jean-Drapeau. La programmation est décoiffante. On vient des quatre coins de la province pour assister à ce jeune festival.

À l'automne, les cinéphiles ont rendez-vous au Festival du nouveau cinéma, où l'on présente le meilleur du cinéma international. Suivent Cinémania, le Festival des films sur l'art, le Festival des films pour enfants, du cinéma fantastique, d'horreur...

Alouette !

À Montréal, c'est toujours le festival de quelque chose, quelque part. Si vous entendez le mot, accourez sur les lieux : il y a de belles découvertes à faire.

MONTRÉAL VU DU FLEUVE

Andrée Lebel

Les excursions sur le fleuve Saint-Laurent font partie des activités estivales du Vieux-Port de Montréal. Pendant quelques minutes ou quelques heures, le jour ou le soir, prendre le large permet de s'évader tout en admirant la silhouette de la ville. Que ce soit en couple, en famille, entre amis ou collègues, c'est une belle façon de profiter de l'été.

Chaque navire a son propre itinéraire, mais tous permettent de bien voir le centre-ville de Montréal et quelques édifices ou monuments exceptionnels. Entre autres, le Stade olympique et le pont Jacques-Cartier sont très impressionnants vus de l'eau.

Le long du trajet, on voit la tour de l'Horloge, la brasserie Molson, la tour de Radio-Canada, la Biosphère, L'homme de Calder et les manèges de La Ronde. C'est aussi l'occasion de voir le port de Montréal et le va-et-vient des cargos.

Trois entreprises offrent des services de croisière quotidiens à partir du Vieux-Port de Montréal. Certaines croisières sont contemplatives, d'autres comprennent un repas ou des activités.

Le *Cavalier Maxim* de Croisières AML peut accueillir 800 passagers. C'est un genre de petit paquebot avec salle panoramique, deux terrasses et une verrière. Il navigue à partir du quai King-Edward, au sud du boulevard Saint-Laurent.

Le *Bateau-Mouche* peut accueillir 190 personnes, possède deux ponts-terrasses et un pont climatisé. Le navire à fond plat, construit à Montréal en 1992, est entièrement panoramique et très stable. Il part du quai Jacques-Cartier, situé au pied de la place Jacques-Cartier.

Le Petit Navire offre une expérience différente, encore plus près de l'eau. Une vingtaine de passagers peuvent s'installer dans le bateau à propulsion électrique et admirer le paysage en toute quiétude, sans bruit et sans pollution. Le départ a lieu au quai Jacques-Cartier.

Photo : Marco Campanozzi

CROISIÈRES GOURMANDES ET FESTIVES

Histoire de plaire au plus grand nombre, les entreprises de croisière du Vieux-Port proposent des escapades gourmandes et festives, dont des croisières-brunchs et des soupers-croisières avec repas dignes de grands restaurants. En plus d'assister au coucher du soleil, les passagers ont la chance de voir Montréal entièrement illuminé pendant la portion du retour. C'est d'un charme irrésistible.

Le *Bateau-Mouche* est doté d'une magnifique salle à manger panoramique et c'est le chef-vedette Louis-François Marcotte qui signe le menu des soupers. Tous les soirs, des musiciens sont sur place pour rendre le moment inoubliable. Des spectacles sont aussi présentés en collaboration avec le Festival de jazz pendant l'événement.

Photos : Marco Campanozzi

FEUX D'ARTIFICE

Ces croisières s'accordent au calendrier de l'International des feux Loto-Québec. De toutes les croisières du Vieux-Port, ce sont les plus populaires. Les navires s'arrêtent à proximité des feux pendant le spectacle (environ une trentaine de minutes) et la musique est transmise à bord.

Année après année, le *Bateau-Mouche* affiche complet pour les soupers-croisières avec feux d'artifice. Les habitués réservent leur place dès que les dates des feux sont annoncées au printemps. Comme le navire est entièrement vitré, peu importe la météo, on est assuré d'avoir une vue imprenable sur la féérie de couleurs tout en bénéficiant du confort de la salle à manger ou des ponts-terrasses.

À bord du *Cavalier Maxim*, plusieurs forfaits sont aussi proposés pour les croisières feux d'artifice. Les passagers peuvent opter pour une place en terrasse seulement avec léger goûter, le souper buffet, la table d'hôte cinq services ou le forfait Tapis rouge.

La balade à bord du Petit Navire est d'environ une heure et demie les soirs de feux d'artifice. Les passagers sont vraiment aux premières loges du spectacle.

Croisières AML
www.croisieresaml.com
1 866 856-6668

Le Bateau-Mouche
www.bateaumouche.ca
514 849-9952

Le Petit Navire
www.lepetitnavire.ca
514 602-1000

BALADE EN ART AU PARC JEAN-DRAPEAU

Le parc Jean-Drapeau regroupe les îles Sainte-Hélène et Notre-Dame. Pour la marche comme pour l'art, c'est un endroit d'exception. À proximité du centre-ville, facilement accessible en métro ou en voiture, l'ancien emplacement d'Expo 67 est devenu un cadre enchanteur, calme et verdoyant.

Et c'est une vitrine importante de l'art des années 60. Les plus grands sculpteurs du Québec, du Canada et du monde ont été invités à créer des œuvres pour Expo 67. Après l'événement, la plupart des œuvres ont été retournées dans leur pays d'origine, certaines ont été déplacées vers d'autres arrondissements montréalais et quelques-unes sont demeurées sur place.

Le parcours artistique peut se faire aisément à partir de l'un ou l'autre des stationnements jouxtant la Biosphère de l'île Sainte-Hélène ou le pavillon du Canada sur l'île Notre-Dame.

L'ÎLE SAINTE-HÉLÈNE

L'œuvre la plus connue et la plus visitée du parc Jean-Drapeau est sans contredit *L'homme* d'Alexandre Calder. La sculpture-stabile a été déplacée à la suite d'importants travaux d'aménagement en 1991-1992. Elle est maintenant intégrée à un environnement dessiné sur mesure pour la mettre en valeur. On peut aussi l'admirer de l'île Notre-Dame et du centre-ville de Montréal. Entièrement en acier inoxydable, la structure de 24 mètres de haut est le seul stabile de Calder qui n'a jamais été peint.

Deux autres sculptures du parc Jean-Drapeau sont situées dans l'axe de *L'homme* de Calder. Près du pont de la Concorde, *Le phare du cosmos* du sculpteur québécois Yves Trudeau est au garde-à-vous. Sa couleur bleu cendré, sa hauteur (9,3 mètres) et son apparence de robot le rendent facile à repérer dans le paysage. Composée de trois parties, la sculpture mécanisée produit aussi des effets sonores. De plus, ses surfaces texturées et ses motifs géométriques sont très représentatifs des courants artistiques des années 60.

Dans le même axe, *La porte de l'amitié* est si attirante qu'elle commande un petit détour. De couleur rouge vif, elle a été réalisée par Sebastián, l'un des meilleurs et des plus prolifiques sculpteurs du Mexique.

Une autre œuvre se démarque de belle façon. *La ville imaginaire* de l'artiste portugais Charters de Almeida a été installée près du débarcadère de la navette fluviale en 1997 pour célébrer le 30e anniversaire d'Expo 67. En granit blanc du Portugal, les cinq colonnes sont prolongées au sol par des bandes de pierre dans lesquelles est intégré l'éclairage. L'ensemble de 19 mètres de haut évoque des ruines antiques et l'effet est saisissant.

Photo : Marco Campanozzi

L'HOMME D'ALEXANDRE CALDER

L'ÎLE NOTRE-DAME

Les sculptures de l'île Notre-Dame sont regroupées près du pavillon de la Jamaïque et de son voisin, le pavillon du Canada.

Le *Mât totémique* est facile à trouver avec ses 21 mètres de hauteur. Œuvre commune du Canadien Henry Hunt et de son fils Tony Hunt, ce totem demeure le seul souvenir du pavillon des Indiens du Canada, érigé pour Expo 67. Les emblèmes de plusieurs tribus sont sculptés dans cette pièce massive de cèdre rouge de la Colombie-Britannique.

À se procurer : la carte de Tourisme Montréal sur l'art public dans la métropole. Distribuée gratuitement un peu partout en ville (bibliothèques et offices de tourisme, notamment), elle présente plus d'une centaine d'œuvres regroupées dans cinq circuits.

La *fontaine Wallace* placée devant le pavillon de la Jamaïque est étonnante. Offerte par la ville de Paris lors des Floralies de 1980, elle rappelle la centaine de fontaines du même genre installées à Paris vers la fin du XIXᵉ siècle pour offrir de l'eau potable aux passants. Son concepteur Charles-Auguste Lebourg voulait qu'elle témoigne de la mécanisation et de l'industrialisation à l'époque victorienne. Elle a rapidement pris le nom du philanthrope sir Richard Wallace, qui a fait installer la première fontaine de cette série dans un quartier de Paris.

Le parc Jean-Drapeau
514 872-6120
www.parcjeandrapeau.com

TERRE-NEUVE-ET-LABRADOR

NORD-DU-QUÉBEC

CÔTE-NORD

SAGUENAY –
LAC-SAINT-JEAN

ABITIBI-
TÉMISCAMINGUE

MAURICIE

GASPÉSIE

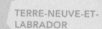

BAS-SAINT-
LAURENT

CHARLEVOIX

LAURENTIDES

OUTAOUAIS

LANAUDIÈRE

RÉGION
DE QUÉBEC

CHAUDIÈRE-
APPALACHES

NOUVEAU-
BRUNSWICK

LAVAL

MONTRÉAL

CENTRE-
DU-QUÉBEC

CANTONS
DE L'EST

MONTÉRÉGIE

ÉTATS-UNIS

PAR RÉGION